AS LEIS DA FELICIDADE

Ryuho Okawa
fundador da Happy Science e autor do *best-seller*
O Ponto de Partida da Felicidade

AS LEIS DA FELICIDADE
OS QUATRO PRINCÍPIOS QUE TRAZEM FELICIDADE

Editora
Cultrix
SÃO PAULO

Título original: The Laws of Happiness.

Copyright © 2004 Ryuho Okawa.

Tradução © 2009 Happy Science.

Publicado originalmente como *Kofuku-no-Ho*, por IRH Press Co, Ltd. em 2004.

Todos os direitos reservados. Nenhuma parte deste livro pode ser reproduzida ou usada de qualquer forma ou por qualquer meio, eletrônico ou mecânico, inclusive fotocópias, gravações ou sistema de armazenamento em banco de dados, sem permissão por escrito, exceto nos casos de trechos curtos citados em resenhas críticas ou artigos de revistas.

A Editora Pensamento-Cultrix Ltda. não se responsabiliza por eventuais mudanças ocorridas nos endereços convencionais ou eletrônicos citados neste livro.

Dados Internacionais de Catalogação na Publicação (CIP)
(Câmara Brasileira do Livro, SP, Brasil)

Okawa, Ryuho

As leis da felicidade: os quatro princípios que trazem felicidade / Ryuho Okawa ; [tradução Happy Science]. — São Paulo : Cultrix, 2009.

Título original: The laws of happiness.
ISBN 978-85-316-1046-2
1. Espiritualidade 2. Felicidade 3. Kofuku-no-Kagaku (Organização) — Doutrinas I. Título.

09-05718   CDD-291.4

Índices para catálogo sistemático:
1. Felicidade : Religião 291.4

O primeiro número à esquerda indica a edição, ou reedição, desta obra. A primeira dezena à direita indica o ano em que esta edição, ou reedição, foi publicada.

Edição	Ano
1-2-3-4-5-6-7-8-9-10-11	09-10-11-12-13-14-15-16-17

Direitos de publicação em língua portuguesa
adquiridos com exclusividade pela
EDITORA PENSAMENTO-CULTRIX LTDA.
Rua Dr. Mário Vicente, 368 — 04270-000 — São Paulo, SP
Fone: 2066-9000 — Fax: 2066-9008
E-mail: pensamento@cultrix.com.br
http://www.pensamento-cultrix.com.br
que se reserva a propriedade literária desta tradução.

Sumário

Prefácio 7

Capítulo Um: Como deixar de ser infeliz 11

Capítulo Dois: Técnica One Point Up para melhorar
o desempenho no trabalho 41

Capítulo Três: Os quatro princípios que trazem
a felicidade 69

Capítulo Quatro: A atitude de felicidade ao alcance
de todos 115

Capítulo Cinco: Crendo no advento da Era do Sol 149

Posfácio 163

Prefácio

Até o dia de hoje, preguei ensinamentos bastante diversificados e agora escrevo este livro com o objetivo de ampliar o tema fundamental, "O que é a verdadeira felicidade?", voltando às raízes do instituto que fundei, a Happy Science. Por mais que escreva ou fale, se eu não conseguir conduzir as pessoas à felicidade, é porque a minha luz não é forte o suficiente para cumprir a missão que me cabe na Terra. Portanto, escrevi este livro de modo que todos o compreendam facilmente, mesmo os que estão fazendo o primeiro contato com a Verdade.

O primeiro capítulo se intitula "Como deixar de ser infeliz". Nele exponho a solidão e a insegurança que se encontram nas profundezas de todo coração humano. Explico que, paradoxalmente, é o modo de pensar da pessoa que gera a infelicidade. Não é que ela não possa ser feliz, mas sim que, de maneira inconsciente, ela procura a infelicidade. Sem dúvida, ao ler isso, você há de se surpreender e dizer: "Será possível que isso de fato aconteça?" Mas a verdade é que, antes de sair em busca da felicidade, é preciso tomar a decisão de deixar de ser infeliz.

O título do segundo capítulo é "Técnica One Point Up para melhorar o desempenho no trabalho". Escolhi as técnicas mais básicas e elementares extraídas de numerosos escritos e palestras sobre o trabalho e a administração que fiz. O fato é que, atualmente, a maioria das pessoas passa a maior parte do dia trabalhando diligentemente. Por esse motivo, na sociedade de hoje, é impossível tratar da felicidade sem levar em conta o desempenho no trabalho.

Nesse capítulo, eu não mostro como executar grandes tarefas; antes, ofereço conselhos para aumentar até certo ponto o desempenho e a eficiência. Trata-se de uma abordagem que é fruto de modos muito simples de pensar. Em nossos templos, a Happy Science dá às pessoas a oportunidade de estudar as técnicas de gestão de modo muito mais profundo, mas creio que, para os iniciantes da Verdade, uma abordagem mais simples terá uma utilidade maior.

Nos capítulos 3 e 4, eu me concentro numa versão moderna dos Quatro Corretos Caminhos ou nos Princípios da Felicidade, o núcleo das leis da Verdade que estou ensinando nesta encarnação. Descrevo os quatro princípios — Amor, Conhecimento, Reflexão e Desenvolvimento —, apresentando-os de modo diferente em cada um dos dois capítulos. Se você fizer uma leitura comparativa, compreenderá o que realmente estou tentando dizer.

Basicamente, a Happy Science ensina os Princípios da Felicidade, que se iniciam com a busca do Correto Coração. A explicação dos Princípios da Felicidade se desenvolve de diversas maneiras. Eu creio que, lendo atentamente os capítulos 3 e 4, você conseguirá chegar a uma compreensão correta dos ensinamentos básicos da Happy Science.

No capítulo 5, "Crendo no advento da Era do Sol", eu transmito de outro modo a mensagem do primeiro volume da série das "Leis", *As Leis do Sol*:* uma visão do futuro e o rumo que devemos tomar para criar a utopia, um mundo ideal na Terra.

À medida que a Verdade se propaga, creio que este mundo se transformará numa utopia, no reino de Deus. A era em que isso ocorrer ficará conhecida como a "Era do Sol", e eu aguardo o advento dessa época com anseio e fé infinitos. Espero sinceramente que este livro ajude a realizar o futuro que há de ser.

Ryuho Okawa
Presidente da Happy Science

---

* Referência a *As Leis do Sol*, de Ryuho Okawa (Editora Best Seller, São Paulo, 1996).

Capítulo Um

Como deixar de ser infeliz

1. A percepção da felicidade ou da infelicidade varia de pessoa para pessoa

Ter um milhão de reais não é garantia de felicidade

O primeiro capítulo do livro *As Leis do Milagre*, de minha autoria (ainda não publicado em português), é "Como reverter o destino". Nele abordo esse tema de maneira sucinta e teórica, mas agora pretendo me aprofundar mais, além de tratar de alguns temas correlatos.

"Como reverter o destino" é de fato um título ousado. Se você vai conseguir mudar o seu destino ou não, isso depende de como compreenderá e colocará em prática as recomendações contidas neste livro. Cada qual entenderá à sua maneira e, portanto, não há como saber como os leitores interpretarão os conceitos abstratos desse livro, a não ser por meio de uma pesquisa.

Na frase "reverter o destino", está implícita a ideia de que a grande maioria das pessoas precisa deixar de ser infeliz. Vamos então explorar o tema "Como deixar de ser infeliz".

Em quais situações da vida as pessoas têm a percepção da infelicidade? Evidentemente, essa percepção varia de acordo com a idade, a posição social ou a época em que a pessoa vive. Portanto, não se pode afirmar que uma determinada condição seja uma garantia de felicidade ou infelicidade.

Não se pode afirmar, por exemplo, que quem tem um milhão de reais é feliz e quem não tem é infeliz. Talvez possamos supor que quem tem saúde é feliz e quem não tem é infeliz. Contudo, até mesmo essa afirmação é muito relativa.

Para os lutadores de sumô, ter um corpo avantajado pode significar mais força e felicidade, mas, por outro lado, não deve ser fácil viver com tanto peso. Certamente eles já nem se lembram da sensação de leveza ao acordar pela manhã, e talvez queiram voltar a ter a vida de uma pessoa comum.

Os assalariados que precisam usar transportes coletivos podem se achar infelizes por ter de usar esse tipo de transporte até o local de trabalho e sonham em um dia trabalhar num lugar mais próximo de onde moram. Entretanto, uma vez aposentados, as pernas enfraquecem e eles percebem o quanto eram felizes quando tinham saúde para percorrer grandes distâncias até o trabalho.

Assim é a vida. Não se pode afirmar que uma coisa seja a garantia de outra. Tudo depende da situação em que a pessoa está ou do modo como ela encara o fato.

O que aprender com a vida

A angústia ou as preocupações da vida não são exclusividade dos adultos, pois, hoje em dia, as crianças também as têm.

Numa sociedade competitiva, as crianças podem herdar os sofrimentos e as angústias dos pais, causados pelas suas personalidades ou pela sua falta de visão ou competência profissional.

As crianças, em geral, são mais felizes quando acreditam na competência e superioridade dos adultos. Os defeitos deles podem ser visíveis inclusive para as crianças; contudo, quanto menos elas os perceberem e quanto mais valorizarem ou idolatrarem os adultos, maior é a possibilidade de crescerem de maneira saudável.

Por outro lado, quando se tornarem adultas e profissionais e tiverem passado por diversas experiências de vida, elas terão uma melhor evolução se tiverem a capacidade de identificar os defeitos e fraquezas tanto em si mesmas como nas outras pessoas. As que não têm essa capacidade podem até ser felizes, mas não se pode esperar delas uma grande evolução.

Em suma, na infância, o crescimento será mais rápido se as crianças acreditarem que os adultos são nobres e aceitá-los como seus mestres. E, quando se tornarem adultas e estiverem na posição de quem ensina, quanto mais consciência elas tiverem tanto dos próprios defeitos e falhas quanto dos das outras pessoas, maiores serão também as suas chances de crescimento. Em geral, essa maneira de pensar é a mais adequada.

Contudo, algumas vezes ocorre o contrário. Isso é comum nos casos de pessoas que tiveram pais muito ruins na infância. Crianças que crescem com angústia devido a abusos e outros problemas estão aumentando muito no mundo contemporâneo. E são muitos os pais com deficiências diversas: os alcoólatras, os que cometem abusos contra crianças, os que não dão carinho aos filhos ou os que deixam que os filhos passem fome devido à pobreza.

Em geral, ao crescerem, essas crianças carregam esse trauma consigo. Na maioria das vezes, pessoas que foram criadas numa família em que os pais eram maus educadores não sabem como educar os próprios filhos.

Para que essas crianças possam ser bem-sucedidas no futuro é melhor que elas pensem de maneira contrária ao que acabei de mencionar. Quem cresceu com o sentimento de que seus pais eram negligentes deve tomar uma decisão: jamais ser igual aos pais; não ser um adulto como eles. Pensando sempre assim a pessoa vai conseguir se tornar alguém diferente dos pais.

É muito comum as pessoas repetirem as experiências da infância quando crescem. Portanto, uma vez tendo consciência das experiências negativas da infância é essencial não carregar tais traumas para o resto da vida. É preciso se esforçar para ser exatamente o contrário.

As crianças que enxergam muitos defeitos e falhas nos adultos devem tomar a decisão de crescer sem repetir os mesmos defeitos e falhas. Com frequência, elas conseguem se tornar adultos bem-sucedidos quando fazem o contrário do que seus pais fizeram. Desse modo, passam a receber elogios no trabalho, à medida que vão conquistando sucessos na sociedade. E, à medida que são elogiadas, elas vão deixando de criticar os outros e passam a acreditar que as pessoas são boas. Por incrível que pareça, apesar de na infância terem visto o lado ruim dos adultos, passam a acreditar que as pessoas à sua volta são, na verdade, boas. Esse é um padrão inverso do normal, mas pode perfeitamente acontecer.

Na medida do possível, o melhor é crescer com naturalidade da maneira ortodoxa, respeitando e idolatrando os adultos, pois na infância a capacidade de compreensão ainda é superficial.

Contudo, há também casos inversos. Mesmo crescendo ao lado de adultos com muitos defeitos, há crianças que conseguem ser bem-sucedidas no futuro. Isso ocorre quando elas crescem com o firme propósito de não serem iguais a eles.

Por outro lado, as pessoas que cresceram em condições favoráveis podem acabar fracassando justamente por ter tido uma vida repleta de facilidades. Nesse caso, elas precisam conhecer o lado negativo da vida, ou seja, os fatores de fracasso ou as armadilhas da vida. Sem isso, não conseguirão se beneficiar com os fatores de crescimento.

São poucos os que conseguem passar a vida toda em condições favoráveis. Quem na infância teve boas condições e enxergava as qualidades dos outros, agora precisa pesquisar o lado ácido e duro da vida e das pessoas.

Uma vez identificadas suas próprias fraquezas e as dos outros, a pessoa passa a entender o que precisa fazer em seguida. Eis o fator do próximo sucesso.

Portanto, é preciso compreender que não existe um conceito predefinido do que seja a felicidade ou a infelicidade.

Segundo os ensinamentos por mim pregados no livro *Pensamento Vencedor*,* a felicidade e a infelicidade não são conceitos absolutos, pois dependem de como você vai adquirir o aprendizado a partir dos diversos problemas da vida e de como vai mudar a maneira de viver.

Costumo dizer que "a vida é uma apostila de exercícios" e o modo de equacionar os problemas depende de cada um.** Cada qual recebe o tema apropriado para si. Eis a consciência que se deve ter.

---

* *Pensamento Vencedor, Estratégias para Transformar o Fracasso em Sucesso*, Ryuho Okawa (Editora Cultrix, São Paulo, 2006).

** Referência ao Capítulo 6 de *Pensamento Vencedor* e ao Capítulo 2 de *As Leis da Eternidade* (Editora Cultrix, São Paulo, 2007), ambos de Ryuho Okawa.

2. As sementes do sucesso e do fracasso

Quando a felicidade máxima se transforma em infelicidade máxima

À medida que as pessoas vão se tornando adultas, vai se acentuando o complexo de inferioridade devido às suas fraquezas e, assim, elas passam a se considerar infelizes. Pensam: "Sou infeliz por causa deste ou daquele defeito. Por isso não consigo ser feliz" ou "Sou infeliz porque não consigo me livrar desse complexo de inferioridade".

De um ponto de vista subjetivo, esses sentimentos podem até ser verdadeiros. Entretanto, de um ponto de vista objetivo, com frequência não são, pois quem reconhece seus próprios defeitos, fraquezas e pontos falíveis tem a vantagem de identificar com muita facilidade o que deve ser feito. Assim, as pessoas que têm essa qualidade sabem com clareza qual ação deve ser executada. Quando elas se deparam com seus próprios erros e fracassos, sabem onde erraram e como corrigir, sem que ninguém lhes ensine. Portanto, nem precisam de um "professor particular".

A cada fracasso, as pessoas costumam se perguntar o que fazer, mas, na verdade, a semente do sucesso já está presente nesse processo de autoquestionamento. O material de estudo está disponível e o que deve ser feito já está sendo delineado.

Esse tipo de entendimento é fundamental.

Num certo sentido, nada é mais perigoso do que um sucesso contínuo, pois o sucesso encerra a semente do futuro fracasso. Contudo, em geral, ninguém percebe isso enquanto está sendo bem-sucedido. Só depois de cinco ou dez anos, a pessoa descobre que a semente do fracasso já havia se manifestado antes.

Embora o sucesso traga alegrias, ele traz também o perigo. O sucesso oculta tudo o mais, inclusive as fragilidades e as sementes do fracasso. Se ocorre algum fracasso na vida, é quase certo que a sua semente foi plantada na fase boa. Ela simplesmente não foi descoberta nessa fase. É preciso ter consciência disso.

No caso, por exemplo, dos políticos, a maioria deles quer se tornar o presidente de uma nação pelo menos uma vez na vida. No entanto, ao ocupar esse posto, talvez sejam obrigados a ler críticas e pedido de impeachment em todos os jornais ao acordar pela manhã. Isso é insuportável.

Quando não se ocupa tal cargo, é difícil entender o que essa situação significa, mas tente se colocar na posição desse político. Imagine todos os jornais falando mal de você, em letras garrafais na primeira página. Ao ligar a tevê, críticas e mais críticas. As revistas semanais repletas de pichações.

O impacto é muito grande: "Por que há tanta gente mal-intencionada no mundo? Tudo o que elas fazem é caluniar! É inacreditável o número de pessoas que vivem de maledicência".

Acontece que esse é o preço do sucesso. Isso acontece quando alguém se torna o primeiro-ministro de uma nação sem estar devidamente preparado.

Embora o desejo de todos os políticos seja ser presidente ou primeiro-ministro uma vez na vida, muitas vezes é melhor que não consiga o cargo. Desse modo, muitos aborrecimentos são evitados e a pessoa consegue trabalhar com liberdade.

Para um ministro, as críticas são muito frequentes e por motivos irrelevantes. Essa situação se agrava quando a pessoa se torna o primeiro-ministro.

O que é preciso, afinal, é a mudança da autoimagem. Costuma-se pensar: "Continuo sendo a mesma pessoa de antes; então, por que as pessoas mudaram de opinião a meu respeito?". Porém, a postura deve mudar de acordo com a posição ocupada. Quem não consegue se imaginar com a nova postura vai acabar sofrendo, pois lhe falta preparo.

Para um político, tornar-se o primeiro-ministro é a felicidade máxima, como também se constitui numa prova de ter concluído a missão. No entanto, quando a realidade se transforma em máxima infelicidade, é uma verdadeira tortura. Ninguém consegue entender e aceitar.

A semente do futuro fracasso está inserida no processo de sucesso e ascensão social, mas é comum que as pessoas não percebam. É possível que elas pensem: "Não consigo entender por que as coisas estão indo tão bem, um verdadeiro sucesso, apesar de eu ser uma pessoa comum". Entretanto, na verdade, a semente da infelicidade está exatamente em pensar: "Sou um sucesso apesar de ser uma pessoa comum".

Em suma: "Você não pode ser uma pessoa comum à medida que vai subindo a escada do sucesso". A cada lance da escada, é necessário se tornar uma pessoa melhor.

Para se tornar uma pessoa melhor, é preciso obter mais conhecimento, mais visão e mais experiência que os outros.

Se até então a pessoa levava em consideração apenas os seus próprios sentimentos e pensamentos, agora é preciso considerar o que as outras pessoas pensam, o que outros políticos pensam, o que a imprensa pensa, o que o povo pensa.

Se antes a pessoa só pensava nos eleitores da sua região eleitoral, agora é preciso ter uma visão mais ampla e considerar também os sentimentos das pessoas além da sua região.

Se a pessoa não ampliar a sua visão, não conseguirá sustentar a sua nova autoimagem e, consequentemente, a sua sensação de infelicidade vai aumentar.

Uma sugestão para garantir um sucesso contínuo

Citei exemplos de políticos e primeiros-ministros por serem mais fáceis de entender; porém, a ideia serve para qualquer pessoa, seja o presidente de uma empresa, um professor ou outro profissional qualquer.

Todos desejam o sucesso. Em outras palavras, desejam ser melhores do que são no momento. Desejam subir um ou mais degraus na escalada social.

No entanto, quando uma pessoa consegue isso, mesmo que pense que continua a ser a mesma pessoa, ocorre também uma sobrecarga proporcional à nova posição e ela é avaliada de maneira mais severa.

Evidentemente, cada pessoa é uma extensão do seu próprio passado. Contudo, ela deixa de ser ela mesma quando supera uma barreira. Quem não se conscientizar de que: "Não sou mais a mesma pessoa. Tenho que romper os meus cascos", poderá sentir-se infeliz por causa de seu próprio sucesso.

A maioria dos assalariados talvez tenha o desejo de se tornar o presidente da empresa um dia. Porém, numa empresa de dez mil funcionários, certamente a proporção de pessoas capacitadas para assumir esse cargo é de menos de uma em mil.

A maioria se lamenta por não ser o presidente da companhia, embora nem saiba que é feliz por não o ser. A sorte da pessoa que conseguiu tornar-se o presidente é invejada, a infelicidade por não ter conseguido esse cargo para si mesmo é amaldiçoada, e as pessoas nem imaginam que existem também casos de pessoas que se tornaram infelizes justamente por terem se tornado presidentes.

Na época do milagre econômico, quando tudo ia bem, ocupar a poltrona do presidente era uma tarefa fácil, mas desde que ingressamos na era do baixo índice de crescimento, depois na da deflação e, finalmente, na era de turbulência, ocupar uma posição de grande responsabilidade é algo muito difícil. Enquanto os funcionários têm uma boa noite de sono, o presidente costuma ter insônia.

Outro exemplo é o caso dos funcionários públicos de alto escalão. Antigamente, depois de terem atingido os 50 anos de idade, eles eram nomeados para cargos de diretoria em empresas estatais ou autarquias e assim conseguiam viver tranquilamente recebendo a remuneração e a aposentadoria. Atualmente, até mesmo eles estão passando por dificuldades.

No passado, bastava a aparência, mas hoje em dia não. É uma agonia ter de tomar decisões difíceis não sendo especialista no assunto. É impossível que alguém que tenha vindo de outros setores consiga tomar decisões corretas quando se requer análises de alto nível que somente um especialista de muita experiência seria capaz de fazer.

Por isso, muitos executivos optam pelo suicídio, embora esperassem uma vida tranquila após a aposentadoria. As pessoas se perguntam: "Que motivos alguém como ele tinha para se matar?" Em geral, a causa é a incompetência para solucionar os problemas profissionais.

Já não é como na época em que a aparência bastava. Hoje em dia, decisões importantes são exigidas e, se houver erro, muitos perdem emprego, ou a sociedade não perdoa e faz duras críticas. É insuportável.

"Sou a mesma pessoa de sempre." Se você subir as escadas da hierarquia social com esse pensamento e achar que as coisas ficarão cada vez mais fáceis para você, poderá enfrentar uma verdadeira tortura. É terrível.

As sementes das angústias também são as sementes do crescimento

Durante o período de sucesso, é difícil identificar as sementes do futuro fracasso. As pessoas bem-sucedidas são também orgulhosas e não conseguem ouvir as opiniões dos outros.

Nesse sentido, feliz é aquele que tem consciência das suas fraquezas e defeitos.

Segundo a sabedoria popular, "Quem tem algum problema de saúde terá uma vida longa, por se cuidar mais". Quem tem saúde de ferro está mais sujeito a uma morte repentina.

Assim é também com aqueles que têm consciência das suas fraquezas e defeitos mesmo aos 30, 40 ou 50 anos, pois não vão abusar e, com isso, terão chance de mais crescimento.

Certamente, todos vocês têm alguns problemas na vida, mas é melhor pensar que eles são, na verdade, sementes que os incentivam e os instruem.

Feliz é aquele que tem complexo de inferioridade intelectual mesmo aos 60 ou 70 anos, pois o normal seria ter desistido há muito tempo. A pessoa que aos 60 ou 70 anos de idade se considera incapaz, carente de ideias ou sem estudo suficiente demonstra na verdade que é alguém de muita capacidade. É alguém que não se dá por satisfeito e busca o crescimento. É nisso que reside o potencial de evolução.

À medida que vivenciamos e aprendemos muitas coisas na vida, começamos a perceber que a semente do futuro sucesso e desenvolvimento está oculta em meio às contradições da vida.

Os jovens, por exemplo, têm vigor físico e muita sensibilidade, mas lhes faltam conhecimento e experiência. Com o passar do tempo, o corpo vai enfraquecendo e a sensibilidade diminuindo. Deixam de ser nervosos e sensíveis. Enfim, as características típicas dos jovens vão desaparecendo e, em compensação, vão aumentando o conhecimento e a experiência.

São adquiridas outras características. Quando jovem, o corpo aguenta tudo. Depois dos 40, já não se pode abusar. O passo seguinte, então, é pensar em como continuar a realizar o trabalho sem abusar do corpo. O conhecimento e a experiência servem para isso.

Quanto à queda da sensibilidade, deixe para os jovens aqueles trabalhos que requerem criatividade.

Enfim, é preciso adotar diferentes maneiras de pensar de acordo com a idade. Em geral, um talento desnecessário para o cargo exercido no presente é o que vai incentivar e estimular o crescimento da pessoa no futuro.

Quem se orgulha do vigor físico agora, vai precisar, no futuro, de algo que não dependa da força física, tais como conhecimento e experiência.

Por outro lado, quando se fortalece a inteligência, muitas vezes a força de vontade é enfraquecida. É comum invejarmos a inteligência e o conhecimento abundante das pessoas; contudo, o excesso de conhecimento faz com que as pessoas se acovardem. Elas perdem a coragem, tornam-se indecisas e acabam não conseguindo agir, sentindo-se incapazes de tomar decisões e, com isso, não avançam.

As pessoas inteligentes precisam se empenhar para consolidar a força de vontade, pois a tendência delas é serem indecisas.

Por outro lado, quem tem garra e força de vontade tem a tendência de se tornar teimoso, do tipo "eu sou mais eu" e acaba não dando ouvidos às opiniões dos outros. Ser determinado é uma qualidade, mas, ao mesmo tempo, pode se tornar uma fraqueza. Para suprir essa fraqueza, é preciso compensar com inteligência. Sem isso, não há como crescer.

Enfim, os fatores de sucesso em geral estão associados aos pontos fortes de uma pessoa. Entretanto, as sugestões para continuar tendo sucesso podem estar no reverso desses pontos fortes.

É preciso ter sempre em mente que, do lado oposto do seu ponto forte, está a semente que vai guiá-lo no futuro.

Já foi dito no passado que os mais religiosos têm a tendência de ser muito espiritualizados. Isso é bom, pois no outro mundo não existe nada que seja relacionado com a matéria; lá só existe o sentimento, o pensamento ou a alma. Não há como levar para o mundo espiritual as coisas materiais. Entretanto, muitas vezes as pessoas excessivamente espiritualizadas e idealistas são fracas nas coisas deste mundo. Esse tipo de pessoa poderia conseguir um resultado melhor caso se empenhasse em obter conhecimentos e visões de coisas materiais, pensamentos lógicos e racionais.

Também é certo que as pessoas que são racionais e totalmente incrédulas quanto às coisas não racionais entram em choque com os demais justamente por causa desse estilo. Estas devem aprimorar a sensibilidade com relação às coisas místicas. Quando a pessoa abre o seu coração e passa a ter interesse por coisas místicas, as relações interpessoais começam a mudar porque ela passa a conseguir enxergar a outra face das pessoas.

O desenvolvimento da vida é, de certa maneira, uma jornada rumo à expansão da personalidade.

Com certeza, vocês vêm desbravando o caminho graças aos seus pontos fortes; por outro lado, vêm sofrendo por causa dos seus pontos fracos. Contudo, numa jornada rumo ao autodesenvolvimento, você precisa encontrar, dentro do seu ponto fraco, a semente do que vai se tornar futuramente num ponto forte. Sem isso, você não conseguirá se desenvolver ou se expandir a contento. É preciso ter consciência de que a armadilha está dentro do seu ponto forte. Sem isso em mente, é difícil tornar-se mais sábio e perspicaz.

Só quem pratica sabe o poder contido no ato de pensar e meditar constantemente. Viver sem pensar em nada é também possível; porém, basta praticar para saber o potencial contido no ato de raciocinar, meditar e criar novas ideias. É como nas artes marciais: "Quanto mais você se esforça, maior é a sua evolução".

3. A vida é uma jornada de autodescoberta

Os dois objetivos da vida

Quando pensamos nos objetivos da vida, vêm-nos à mente, em primeiro lugar, "a jornada de autodescoberta".

O fato de nascermos com uma identidade significa que devemos procurar ao máximo ter uma vida original e única. Significa que devemos pesquisar profundamente o "eu" e descobrir:

"Por que nasci com esta identidade? Que tipo de vida é esta que me foi concedida?" Essa jornada de pesquisa ou de descoberta de si mesmo é algo de que ninguém consegue escapar.

O outro objetivo da vida é o relacionamento com as outras pessoas. É cumprir o próprio papel dentro do relacionamento com os outros ou com a sociedade em geral. É conhecer a si mesmo na relação com os demais e aprender a importância de se viver como um ser que tanto influencia os outros como também é influenciado por eles.

Esses são os dois objetivos fundamentais da vida.

Se não existisse mais ninguém, se você vivesse inteiramente só, seria dificílimo aprender sobre si mesmo. Só estando cercado de todo tipo de pessoas, com ideias diferentes e diferentes maneiras de pensar, incluindo as de que você gosta e as de que não gosta, é que é possível aprender mais sobre si próprio. E é compreendendo as diferenças entre as pessoas que você consegue examinar se o seu modo de pensar é preconceituoso ou equilibrado.

Existe um número incontável de pessoas que não agem da maneira como achamos que deveriam agir, mas a diversidade é realmente gratificante, pois é assim que aprendemos a nos conhecer.

É comum ficarmos pasmos e dizermos: "Como pode haver pessoas assim?", "Que modo diferente de pensar!", "É inimaginável alguém com esse tipo de personalidade!" Entretanto, a diversidade de talentos ou personalidades é imprescindível para o autoconhecimento, pois ela nos permite observar o nosso "eu" sob diferentes ângulos. É para isso que os seres humanos vivem em comunidade. Sem a presença dos outros, não há como cada pessoa conhecer a si própria.

Na verdade, essa é a razão pela qual o Ser Supremo chamado Buda ou Deus criou o mundo. Buda ou Deus desenvolveu o mundo da relatividade, ou seja, criou o mundo em que as pessoas se lapidam mutuamente, e assim Ele fez com que os seres humanos lapidem a sua própria potencialidade por meio do crescente autoconhecimento.

O mundo projetado nos olhos de Buda ou Deus

À medida que avançamos nos estágios espirituais da religiosidade, conseguimos desenvolver profundamente duas percepções místicas: a "visão da desigualdade" e a "visão da igualdade".

Conforme avançamos nos aprimoramentos ascéticos, passamos a enxergar com clareza as impressionantes diferenças que existem entre as pessoas quanto à capacidade e à personalidade. Em relação à capacidade individual, torna-se bastante nítida a diferença entre elas, quanto ao estágio evolutivo em que estão, quanto às suas características inatas e quanto ao desenvolvimento da sua natureza búdica ou divina. Essa é a visão da desigualdade.

Paralelamente a isso, desenvolve-se outra visão, a da igualdade. Apesar das grandes diferenças individuais, sob uma ótica mística elas são integradas e passamos a perceber que somos todos iguais. Apesar das grandes diferenças individuais, percebemos que todos têm os mesmos valores fundamentais.

Além disso, passamos a entender que até mesmo os outros seres vivos, como os animais e vegetais, têm vidas radiantes e praticam aprimoramentos ascéticos tais como os seres humanos. É realmente muito místico. Passamos a entender os sentimentos dos animais e das plantas. Eles também praticam os exercícios de aprimoramento ascético e administram a vida social.

Os animais também sofrem para construir um lar e garantir o alimento do dia a dia. Empenham-se para sobreviver dividindo os papéis entre aqueles que realizam as tarefas difíceis e outros que realizam as tarefas auxiliares.

À medida que passamos a entender tais diversidades, vamos adquirindo a visão da igualdade.

Uma vez adquirida a visão que integra as contradições entre as visões da desigualdade e da igualdade, ela vai se transformando no que chamamos de "visão búdica ou divina". Ambas as características são visíveis aos olhos de Buda ou Deus.

Sob essa ótica macro, que chamamos também de "misericórdia" ou "grande misericórdia", seremos capazes de perceber as imagens de sofrimento, angústia e aflição de todos os seres vivos e, embora em meio ao sofrimento, captamos também as graciosas e heroicas cenas de vida desses seres. Desde os seres microscópicos até os seres humanos, mais evoluídos, todos convivem radiantemente no planeta Terra, cada qual carregando seus sofrimentos e tristezas.

Essas cenas são tristes e adoráveis ao mesmo tempo. Aparentam ser tristes, mas, ao mesmo tempo, são repletas de esperança e alegria.

Enquanto uma pessoa não desenvolver essas duas visões contraditórias, não se pode dizer que ela tenha ingressado no mundo da Iluminação.

Ao longo desse processo de ingresso no mundo da Iluminação, as pessoas costumam desenvolver uma percepção mais aguçada em uma das duas visões; contudo, além de aprimorá-las, é preciso superar as fronteiras entre elas.

No processo tridimensional de integração das contradições, há também os estágios da Iluminação e é por isso que o mundo terreno não é completo quando isolado, mas apenas quando interligado com o Mundo Real.

4. A transformação da autoconsciência é um sucesso para a alma

O momento da superação dos limites

Na vida, os problemas e sofrimentos são incontáveis; contudo, na verdade é preciso que sejamos gratos por isso. É preciso entender e sentir profundamente a gratidão.

Ausência de problemas significa também ausência de desenvolvimento. É possível que alguns problemas da vida sejam de fato insolúveis. Entretanto, na verdade, junto com os problemas, existem também infinitas possibilidades de desenvolvimento.

Não é preciso que nos lamentemos pelos inúmeros fracassos da vida, pois estes sempre contêm as sementes da futura criação, as sementes do desenvolvimento.

A transformação, a expansão e o desenvolvimento da autoconsciência representam o crescimento da alma e o sucesso da alma. E é justamente para isso que encarnamos e nascemos neste mundo, crescemos até a fase adulta, envelhecemos e morremos.

Temos de saber que Iluminação significa transformação da autoconsciência, e eu mesmo já a vivenciei muitas vezes.

No início, a partir de 1985, comecei a publicar as coletâneas de mensagens espirituais. Lembro-me de ter sentido que já estava completamente realizado ao lançar três livros, *Mensagens*

Espirituais de Nichiren, depois *Mensagens Espirituais de Kukai* e finalmente *Mensagens Espirituais de Jesus Cristo* (ainda não publicados em português). Achava que já tinha cumprido a minha missão, afinal já havia feito o bastante.

"Depois de publicar tantas Verdades, certamente o propósito da minha vida nesta encarnação está cumprido. Mesmo que eu morra agora creio que o meu trabalho já está concluído. Já preguei a existência do mundo espiritual e dos espíritos, já publiquei as mensagens espirituais de Jesus Cristo. Mais do que isso seria inimaginável" — isso era o que eu pensava, e sentia-me satisfeito comigo mesmo.

Naquela época, nem podia imaginar que o meu trabalho iria continuar por muito tempo ainda. Quando achava ter concluído um, surgiam novos e assim nunca mais pude parar.

Quando achamos que atingimos o nosso limite, surgem novos limites. Por incrível que pareça, é quando identificamos o nosso limite que somos capazes de ultrapassá-lo. É realmente incrível. Quando pensamos: "Já cheguei ao meu limite. Mais do que isso é impossível. Já fracassei muito também. Não há como ir além", em geral, conseguimos superar esse limite logo em seguida.

Possivelmente, o limite só pode ser superado quando se chega lá. Só depois de muito sofrimento, quando se pensa em buscar uma alternativa, novas ideias surgem.

No meu caso, quando lancei o terceiro livro de mensagens espirituais pensei que havia chegado ao fim e, desde então, todos os anos penso a mesma coisa. Quando acredito não ter mais nada para pregar, misteriosamente surgem novos ensinamentos.

Isso acontece porque a reação do público atual é bem diferente da do passado. As reações das pessoas que recebem os ensinamentos por mim transmitidos são invisíveis, mas estão em constante evolução, e eu vou me transformando de acordo com elas.

Aos 30 anos de idade, eu me sentia física e intelectualmente completo, e costumava pensar: "Tenho vigor físico, um processador muito rápido no cérebro, sei de tudo e estou pronto para responder a quaisquer perguntas".

Com o avançar da idade, comecei a sentir que as coisas que desconheço são em maior número do que as que eu conheço. Gradativamente, os assuntos que desconheço ou a respeito dos quais não me sinto confiante o suficiente foram aumentando.

Isso acontece porque, pouco a pouco, o meu público-alvo está se modificando.

Logo no início da Happy Science, o principal público era constituído de pessoas atraídas por temas espirituais mais pela curiosidade, e, portanto, bastava satisfazer essa curiosidade. As suas necessidades eram também do mesmo nível e elas não esperavam mais do que isso.

À medida que fomos conquistando o reconhecimento da sociedade, começamos a atrair pessoas de diferentes perfis, inclusive estrangeiros. Assim, o público-alvo foi se ampliando em função da diversidade de leitores e de participantes das palestras.

Analisando as reações dessas pessoas, fui tomando consciência do muito que eu não sabia. Quando penso: "Puxa, existem pessoas de muitos tipos! Veja o nível tão elevado das pessoas que vêm para aprender", percebo que há mais coisas que eu não sei do que sei. Isso vem me causando certa insegurança.

Se antes eu achava ter conhecimento, Iluminação, força de vontade e força física suficientes, com o passar dos anos fui me sentindo cada vez menos suficiente e mais inseguro.

E quando eu penso que estou chegando ao meu limite, em geral, consigo mais um degrau de desenvolvimento. É realmente incrível.

5. Os defeitos passam a ser visíveis quando se cresce

É difícil percebermos os nossos próprios defeitos quando estamos focados apenas em nós mesmos. Tudo fica mais claro quando nos comparamos com os demais.

Na primeira seção deste capítulo eu disse que: "Na infância, o crescimento será mais rápido se as crianças acreditarem que os adultos são nobres e aceitá-los como seus mestres. E, quando se tornarem adultas e estiverem na posição de quem ensina, quanto mais consciência elas tiverem tanto dos próprios defeitos e falhas quanto dos das outras pessoas, maiores serão também as suas chances de crescimento". Na verdade, isso vale também para as organizações religiosas.

Quando iniciei a Happy Science, via as instituições mais antigas como excelentes. Pensava: "Que belo trabalho! Já lançaram tantos livros e eles têm muitos membros. São muito respeitados pela sociedade. São realmente excelentes. Queremos atingir esse mesmo nível o quanto antes".

À medida que fomos avançando nas nossas atividades, comecei a enxergar os pontos fracos e os defeitos de algumas instituições: "Há uma fragilidade na doutrina e deficiência na administração. O fundador é inexperiente nisso ou naquilo. Parece que eles não conhecem isso ou aquilo". Passei a perceber essas fraquezas e isso começou a me incomodar.

Na verdade, esse era o momento de ultrapassar essas instituições.

Depois de ultrapassarmos as instituições veteranas e nos distanciarmos delas, tudo ficou mais claro: "Seus conceitos e doutrinas, padrões de conduta, pontos fracos, o que na verdade deveria ser feito, etc.".

Enquanto tais instituições eram alvos inatingíveis, não conseguíamos enxergar os seus defeitos e tudo nelas nos parecia excelente, mas, quando estávamos para superá-las, seus defeitos se tornaram visíveis.

É comum que nos sintamos como pessoas de mau caráter por enxergarmos os defeitos alheios; porém, enxergar os erros e limites alheios é uma característica de quem tem uma elevada capacidade de discernimento.

Tive experiências semelhantes diversas vezes.

Embora não fosse algo intencional, sempre que tecia comentários críticos a respeito de algumas instituições estava justamente no momento de superá-las. Tais críticas não eram maledicências, mas foram inevitáveis, pois eu enxergava as falhas doutrinárias ou administrativas.

Depois que eram totalmente ultrapassadas, elas não me incomodavam mais e, assim, daí em diante eu não fazia mais qualquer tipo de comentário.

Isso aconteceu também na minha vida particular. Os momentos em que eu conseguia entender bem os meus defeitos, fragilidades e falhas eram justamente aqueles em que eu estava para trocar a minha própria casca.

Não é fácil enxergar os próprios defeitos e fragilidades, a não ser que estejamos na fase da "troca de casca". Quem já está satisfeito consigo mesmo tem dificuldade para identificá-los e, mesmo que consiga, vai tentar ocultá-los. A pessoa pensa: "Será que não há um jeito de acobertar os meus defeitos e fragilidades? Não seria possível enganar as pessoas com meus pontos fortes?"

Portanto, se você começar a identificar as suas fraquezas e os seus defeitos é porque está para iniciar uma nova fase de crescimento.

Quem pensa que não está cometendo falhas, na verdade, está cometendo muitas, mas simplesmente não tem consciência delas.

À medida que a nossa visão vai ficando mais aguçada, vamos nos tornando capazes de identificar as falhas antes que aconteçam; isso é algo que podemos vivenciar diversas vezes durante a vida.

6. Como mudar o destino

Quando conseguirmos identificar a tendência da alma, conheceremos o nosso destino.

Agora, vamos especular sobre o destino.

Com base nos anos de experiência como líder religioso, se me perguntassem "Na vida, existe destino?", eu responderia: "Sim, existe".

Entretanto, isso não quer dizer que a vida tenha um roteiro rígido, ou seja: "Cada um de nós tem uma tendência e basta identificá-la para prevermos, grosso modo, a nossa vida". Nesse sentido, temos de admitir que o destino existe.

Basta identificar a tendência da alma de uma pessoa para estimar em quais áreas ela será bem-sucedida ou malsucedida. Mesmo que sejam projeções para daqui a cinco, dez, vinte anos ou mais, ao identificarmos a tendência da alma, é possível imaginar o que vai acontecer. Nesse sentido, o destino existe.

Contudo, há também meios para suplantar o próprio destino. O destino pode ser mudado se a pessoa estiver determinada a mudar, rompendo a sua própria casca. Isso pode ser feito pela observação de si e dos outros com espírito científico, analisando minuciosamente os vícios, as tendências, os pontos fortes e os fracos.

Se o seu destino for amaldiçoado e você quiser mudá-lo, só há uma maneira: "Identificar com clareza a tendência da sua alma". Você verá o seu futuro e, então, saberá o que deve ser feito. Se souber o que vai lhe acontecer no futuro, pode evitá-lo.

Assim, é preciso evitar os caminhos perigosos e desenvolver a competência não dominada; desenvolver os pontos fortes a partir dos seus defeitos; e descobrir a semente do futuro fracasso a partir dos seus pontos fortes. É preciso construir um sucesso muito duradouro.

Em suma, o destino existe, mas é possível descobri-lo e melhorá-lo.

7. Desejos exacerbados podem causar a ruína

Há também destinos imutáveis e, com relação a estes, recomenda-se a resignação.

A metade dos sofrimentos da vida é causada por desejos que não condizem com a pessoa. Dentre os diferentes desejos humanos, há alguns imprescindíveis, como o desejo de crescimento. Porém, a metade dos desejos não condiz com a realidade.

Assim sendo, "conhecer o destino" significa "conhecer o seu potencial ou ter consciência dos seus limites".

Até mesmo um demônio tem dificuldade para destruir alguém que tem consciência dos seus limites físicos, intelectuais, psíquicos e profissionais. É realmente muito difícil atrair para a armadilha alguém que tenha consciência dos seus limites e potenciais.

Por outro lado, é muito fácil pregar armadilhas em quem não tem tal consciência. Basta cavar buracos no caminho dessa pessoa. O demônio não vai precisar se esforçar, nem usar a inteligência. Basta cavar um buraco alguns metros à frente dela e esperar que ela caia. É muito simples. Quem pensa ter capacidade infinita é muito simplório.

O ser humano possui potencial infinito, mas passa a ter limites por causa das tendências da alma.

Para superá-los é preciso, como já foi dito, analisar os pontos fortes e fracos, tanto os próprios quanto os dos outros, e assim estudar a vida por meio de estudos comparativos. O que não for possível superar mesmo assim deve ser classificado como sendo um problema relacionado ao controle dos desejos. Jamais fracassa a pessoa que tem consciência de que o sucesso não condizente consigo leva à ruína.

Chamamos os desejos exacerbados de "apego", e quando estes são eliminados conquistamos a felicidade. Esse é o caminho da felicidade que todos podem trilhar. Convém acreditar que cerca de cinquenta por cento dos seus desejos são exacerbados.

Na segunda parte deste capítulo, mencionei que "Para a maioria dos políticos, não ser primeiro-ministro pode significar felicidade, pois o cargo de primeiro-ministro traria infelicidade". Isso vale também para as pessoas em geral. Por mais que se deseje alguma coisa, muitas vezes é melhor não consegui-la.

Por exemplo, por não conseguir ser uma dona de casa perfeita, uma mulher pode ser mais feliz sendo uma profissional.

Há pais que culpam os filhos pouco instruídos de serem os causadores de sua infelicidade, porém, existem muitas famílias que se tornam infelizes por terem filhos muito instruídos, pois mal conseguem se comunicar com eles devido à diferença no nível cultural.

Assim, os limites não existem, mas, ao mesmo tempo, existem.

Ver-se pelos olhos dos outros

Certo dia, quando eu ainda era desconhecido e, portanto, podia caminhar nas ruas livremente, estava andando com a minha esposa pelas ruas do bairro e, ao passar em frente a uma quitanda próxima da minha casa, o dono e a sua esposa saíram na rua para nos cumprimentar. Era um casal muito simpático e aparentemente a quitanda era próspera.

Na fachada da loja havia um pôster com o lema de certa religião. Certamente, essa família era fiel a essa religião.

Por terem ido até o meio da rua para nos cumprimentar, achei-os muito simpáticos e perguntei à minha esposa: "Você sempre faz compras nesta quitanda?" Ela respondeu: "Praticamente nunca". "Por que não, se são tão simpáticos?", indaguei. "Porque é muito caro", foi a resposta. Por ser um lugar caro, não era possível "comprar sempre" ali.

Esse casal da quitanda era simpático. Eles trabalhavam em harmonia, de acordo com os ensinos de sua religião. Humildes e sorridentes, sempre cumprimentando os clientes: "Sejam bem-vindos. Obrigado pela preferência de sempre".

Pelas suas palavras, achei que fôssemos clientes habituais, mas não éramos, por causa do alto preço.

Creio que está aí o limite dos ensinamentos dessa religião.

Provavelmente, nessa religião ensinava-se: "Seja humilde e sorridente, pois assim o seu negócio prosperará. É importante não se esquecer desse espírito".

Entretanto, o ser humano é racional. Ele pode ser enganado uma ou duas vezes, mas não há como ser enganado eternamente. Se existir outra quitanda mais barata e mais completa mais à frente, ninguém vai continuar comprando na primeira só porque os donos são simpáticos. Uma vez ou outra, as pessoas podem até comprar para agradar, mas não sempre.

Imagino que aquela quitanda deva estar ainda hoje no mesmo lugar e tenha o mesmo tamanho. Não cresce porque falta aos donos uma filosofia racional.

Portanto, nós mesmos criamos os nossos fatores limitantes; contudo, quem traça o limite é a avaliação objetiva feita por outros. Isso pode ser resultado da concorrência desse mundo, mas a barreira intransponível é criada pela avaliação objetiva do povo.

Sendo assim, se você não consegue desbravar o seu caminho, apesar de fazer muito esforço, isso é sinal de que precisa desenvolver uma visão objetiva das coisas.

Se você não espera um grande desenvolvimento, tudo bem. Esse é também um ponto de vista válido. Se aquele casal estava satisfeito com a quitandinha sempre do mesmo tamanho, não há dúvida de que tinha uma vida feliz. Eles poderiam ter uma vida muito digna optando por manter o negócio pequeno para poder se dedicar às atividades religiosas.

No entanto, se quisessem progredir e transformar a quitanda em supermercado, então, certamente aquele negócio era insatisfatório.

A opção é de cada um, mas, se a pessoa não progride apesar dos seus esforços, então é importante que pense sob a ótica do cliente ou de alguém de fora.

Continuar pensando sempre

Isso vale também para a difusão da Verdade.

Muitos de vocês que difundem a Happy Science devem estar se questionando: "Por que não estamos conseguindo ter mais sucesso na difusão, se os ensinamentos são tão bons?"

Por outro lado, a pessoa a quem esses ensinamentos são oferecidos pode estar pensando: "Se isso me fosse oferecido por alguém de nível mais elevado, eu até poderia ingressar; mas, enquanto for recomendado por gente desse nível, não me interessa". Assim, as pessoas respondem educadamente: "Não, obrigado! Já sou feliz assim".

Quando estiverem enfrentando esse tipo de barreira no trabalho missionário, procurem pensar sob a ótica do outro.

Muitos já são leitores dos meus livros, mas ainda há uma grande parcela da população que não é. Alguns estão satisfeitos com outras religiões, outros se consideram felizes mesmo sem ler livros religiosos e também há uma parcela da população que pensa: "Serei infeliz se acreditar em religião".

Certamente, há preconceito. Então, devemos refletir: "Como orientar essas pessoas?"

Segundo a Verdade religiosa, os espíritos existem, o outro mundo existe e Deus ou Buda também. Entretanto, bilhões de pessoas não acreditam ou não conseguem acreditar. Para mudar este mundo, será preciso uma gigantesca energia e não será nada fácil. Um trabalho persistente e mais amplo será necessário.

Para superar os limites, precisamos ter consciência de como somos vistos pelo outro lado; precisamos conhecer a visão do cliente.

Além disso, se não se consegue superar o limite, isso pode ter um significado também. Portanto, é fundamental pensar sempre sobre o que fazer. No processo de pensar continuamente pode estar o passo seguinte para o seu crescimento.

Acho que a Happy Science é uma instituição que vai crescer muito ainda. Creio que tanto eu como as pessoas que estudam e trabalham nessa instituição estejam em meio a um processo de crescimento.

Eu gostaria de deixar como legado um DNA de crescimento eterno.

Fico feliz se os leitores desenvolverem o interesse pelo crescimento da sua própria alma por meio das sugestões deste capítulo.

Capítulo Dois

Técnica One Point Up para melhorar o desempenho no trabalho

1. Viva a sua vocação e missão na vida

Você é capaz de identificar a sua razão de viver no seu trabalho?

Muitos de vocês gostariam de ser altamente competentes no trabalho, mas se atormentam por não conseguir. Sendo assim, eu pretendo, neste capítulo, abordar a técnica One Point Up, tendo como público-alvo qualquer profissional, homem ou mulher, seja iniciante ou presidente executivo, que queira melhorar o seu desempenho.

Há um indicador simples, uma espécie de teste de tornassol, que mostra se você vai ser um profissional competente: a motivação no trabalho. Raramente uma pessoa desmotivada no trabalho consegue ser competente no que faz. Decerto, algumas nascem dotadas de muita capacidade e conseguem primar em qualquer ofício, mesmo sem gostar dele. Mas, em geral, não há como durar muito num emprego quando não se tem afinidade com o trabalho realizado. Mesmo conseguindo um bom desempenho no início, com o decorrer dos anos, o desgosto vai aumentando, o resultado vai se degradando e o apreço dos colegas vai diminuindo. No final, a demissão é inevitável.

Por essa razão, é fundamental encontrar motivação ou o propósito da sua vida no trabalho. Com "motivação ou propósito da sua vida no trabalho", eu me refiro ao senso de missão e à vocação profissional. A carreira dura a vida inteira. A maioria das pessoas passa apenas três ou quatro anos na faculdade, às vezes cinco ou seis, mas a atividade profissional é um compromisso de décadas. Ultimamente, tem crescido o número das pessoas que passam por diversos empregos ao longo da vida. Mesmo assim, somente alguém muito volúvel mudaria de emprego dezenas de vezes. Muitos passam a vida no mesmo trabalho ou, quando muito, passam apenas por dois ou três durante toda a sua existência.

A atividade com que a pessoa ganha a vida tem uma relação muito profunda com ela mesma. Portanto, é uma infelicidade muito grande se não houver vocação, se ela não for predestinada para esse trabalho ou se o trabalho não for condizente com o plano de vida traçado antes de nascer. Se isso acontecer de fato, não valeu a pena ter nascido nesta encarnação. Infelizmente, há quem realize um trabalho divergente de seu plano original.

Se, ao examinar serenamente o seu eu interior, começa a brotar um forte sentimento de que a sua atual carreira corresponde à sua vocação e missão de vida, um sentimento de que você nasceu neste mundo para fazer o que faz, então você está na atividade certa. Se for esse o seu caso, é muito provável que seja bem-sucedido profissionalmente. Por outro lado, se o que você mais deseja é deixar esse trabalho, dificilmente terá muito sucesso, mesmo que seja obrigado a continuar a fazê-lo.

Algumas pessoas não se sentem ajustadas ao ofício a que se dedicam e acham que têm outra vocação. Nesse caso, elas estão no lugar errado e devem mudar de profissão. Também há os que simplesmente não gostam de trabalhar. Estes têm pouquíssima chance de ser bem-sucedidos em qualquer área profissional. Na sociedade, sempre há uma porcentagem de pessoas que se sentem assim.

Por conseguinte, a primeira coisa necessária para melhorar o desempenho profissional é encontrar motivação e o propósito da sua vida na atividade exercida. E o fundamento está em sentir profundamente que o seu trabalho condiz com o destino e a missão da sua vida.

Certas pessoas são capazes de dizer: "Por meio da minha profissão estou sendo útil à sociedade, estou retribuindo ao mundo com gratidão, sinto-me realizado por contribuir com a sociedade". Basta esse sentimento para, pouco a pouco, se tornarem profissionais competentes.

Quem é incapaz de pensar desse modo e acredita estar na função apenas temporariamente não será um bom profissional. Quem pensa: "Eu não tenho a menor intenção de me aprimorar profissionalmente, mas espero que o salário aumente todo ano; contanto que o meu salário aumente, estou satisfeito", não tem a menor chance de se tornar competente.

Ter motivação significa que você vai conseguir mostrar ao mundo o significado da sua vida por meio desse trabalho. É importante cultivar o sentimento de que está fazendo uma contribuição social por meio do trabalho. Podemos chamar de "senso de missão". Há uma grande diferença entre os que têm essa atitude e os que não têm. Quem carece de senso de missão e quer vencer na vida na base do oportunismo nunca ouvirá os conselhos dos outros. Nesses casos, a única coisa que se pode dizer é: "No fim da sua vida, você mesmo terá de avaliar seus resultados".

Em suma, é importante ter motivação pelo trabalho e querer descobrir o significado desta encarnação.

Faça o melhor possível dentro das condições que tem
Enquanto você procurava emprego, é possível que tenham lhe oferecido um cargo numa empresa que não era a sua predileta ou a sua primeira escolha.

Muitos profissionais não são contratados pela primeira nem pela segunda empresa que mais lhes agradavam e acabam indo trabalhar num local que era sua terceira, quarta ou mesmo quinta opção. Há quem não consiga emprego em nenhuma das suas empresas preferidas e simplesmente vá trabalhar onde há vagas. Convém levar em conta que, neste mundo, são poucos os que conseguem emprego na empresa de sua preferência. E mesmo para os que conseguem, a escolha por trabalhar ali não se baseia, necessariamente, na crença de que ela corresponde à vocação de sua vida. Muitas vezes, a empresa é escolhida somente pelo prestígio social, pela fama ou pela remuneração que oferece.

Para aqueles que escolhem a empresa pela preferência dos colegas, pela posição que ocupa entre as "melhores empresas para se trabalhar" e não por sentir que nasceram para trabalhar ali, é possível que a questão de fazer ou não desse emprego uma profissão vitalícia não seja muito relevante.

Nessas condições, os espíritos superiores e até o espírito guardião e os espíritos guias não têm motivos para ajudar uma pessoa assim. Qual seria a razão para ajudar alguém que escolhe a empresa unicamente pelo seu prestígio?

Hoje em dia, a maioria opta por ser assalariado. Em relação à empresa que trabalha, seja ela a sua primeira escolha ou não, é importante acreditar que você tem uma relação ou vínculo espiritual com ela e que ali está a missão da sua vida. Quem pensa assim terá uma carreira meteórica, muito sucesso, conseguirá realizar o trabalho dos seus sonhos e, consequentemente, estará cumprindo a sua missão de vida.

No entanto, se a pessoa, pelo contrário, viver se lamentando por ter ingressado na empresa errada, que efeito isso terá nos chefes, subordinados e colegas? Por exemplo, se ela se puser a reclamar do trabalho logo no primeiro dia, os colegas dirão: "Você está prejudicando o ambiente de trabalho de todos. Se acha tão ruim estar aqui, por que não vai embora?" Do mesmo modo, se um jovem cheio de entusiasmo entrar na empresa e os colegas veteranos começarem a dizer: "Você não devia estar numa empresa como esta, você fez a escolha errada", ele não tardará a perder a vontade de trabalhar.

O membro de uma equipe que não faz outra coisa senão reclamar tem uma influência negativa sobre a empresa toda. Isso é ruim mesmo quando se trata de um cargo inferior. E se esse funcionário for promovido e ocupar posições mais elevadas, tanto pior. Se, por exemplo, chegar ao nível de gerência, terá uma influência muito mais destrutiva sobre os outros.

O que eu quero dizer com isso é: "Não se preocupe com os comentários dos outros; acredite que existe um vínculo espiritual com essa empresa". Procure achar nela a missão de sua vida e cumpri-la. Mesmo que a missão da sua vida não esteja nessa empresa, se trabalhar com afinco, um novo caminho se abrirá. Se não fizer nenhum esforço, as oportunidades nunca se apresentarão.

As pessoas leais à empresa, que acreditam que ela seja um bom local para se trabalhar e fazem um bom trabalho, não hesitando em dizer isso aos parentes, amigos e conhecidos, acabam progredindo. Por outro lado, as que criticam a empresa sempre que estão longe do escritório, pensando que nenhum colega vai ouvir, nunca serão promovidos.

Isso não vale unicamente para as empresas. O professor de cursinho que finge trabalhar com empenho na sala de aula, mas, durante o jantar num restaurante, diz que quem ali estuda jamais entrará numa boa faculdade, trabalha contra a sua própria missão. Quem tem esse tipo de atitude não merece o salário que recebe.

Aquele que diz: "Eu só dou aula para ganhar a vida e, na nossa escola, ninguém passa em nenhum vestibular", não tem uma visão profissional correta, mesmo que esteja dizendo a verdade. Se você for professor, deve estar determinado, por meio das suas aulas, a aumentar a capacidade acadêmica dos alunos. Isso sim é profissionalismo.

Quem não acredita que a descoberta da sua missão de vida só ocorre quando se demonstra o máximo empenho, dificilmente terá sucesso, qualquer que seja o local de trabalho. Os que falam mal da empresa ou da profissão deviam parar e analisar se o que dizem é mesmo verdade ou se não passa de rejeição ao trabalho ou mera preguiça.

As pessoas dotadas de muita capacidade conseguem se sobressair em qualquer atividade. Embora provavelmente exista uma profissão com a qual se afinem mais e se sintam mais felizes, dentre milhares de profissões, é pouco provável que elas só sejam capazes de se sair bem em uma. Na maior parte dos casos, quem se sai bem numa determinada área acaba descobrindo que é capaz de se sair bem em outras também. Por exemplo, quem é bem-sucedido vendendo anéis ou colares numa joalheria verá que, se adquirir conhecimento especializado, terá sucesso vendendo roupas ou automóveis. Isso vale para a maioria das profissões.

Por isso, é importante esforçar-se ao máximo, seja qual for o ambiente, e desse modo cumprir a sua missão de vida. Só de pensar assim, você descobrirá que é uma pessoa diferente da que era ontem e, de súbito, será capaz de ser bem-sucedido no trabalho. Esse tipo de consciência é o caminho que leva ao sucesso.

2. Métodos de autoaprimoramento

Sem esforço, a sua competência não melhora
O próximo ponto que eu gostaria de abordar, quanto à técnica One Point Up, é algo mais prático; refere-se ao autoaprimoramento. Para trabalhar bem é imprescindível estar preparado.

Tomemos a natação como exemplo, ninguém consegue nadar sem praticar. Naturalmente, o talento inato e a força física são também importantes para quem quer ser campeão e, por mais que as pessoas treinem, somente umas poucas conseguem ser atletas olímpicos. Não obstante, mesmo um nadador olímpico seria incapaz de nadar sem treinamento.

Quando eu falo em treinamento, quero deixar claro que não adianta treinar no tapete; ninguém aprende a nadar fora da água.

O mesmo se aplica ao aprendizado de uma língua estrangeira. Garanto que ninguém, por mais inteligente que seja, aprende um idioma sem estudar. Mas, com prática, qualquer um consegue dominar uma língua estrangeira. O tempo que demora o aprendizado varia de pessoa para pessoa, mas o estudioso acaba dominando o idioma. Não importa o campo, aquele que treina com afinco suficiente aperfeiçoa o seu desempenho até o limite de sua capacidade. Um indivíduo pode lamentar o fato de outro fazer alguma coisa melhor do que ele, mas não tem como saber o quanto essa pessoa se esforçou para obter tal habilidade.

Dominar uma coisa, seja ela qual for, é uma luta consigo mesmo.

Não há nada em que não possamos evoluir se treinarmos com afinco. Isso é verdade em termos intelectuais, físicos e espirituais, e também para alcançar a Iluminação religiosa. Quem luta consigo mesmo e treina sempre com afinco consegue se desenvolver.

Leia: use os livros e os jornais para acumular informação

Pensando em trabalho de modo geral, o método mais ortodoxo de autoaprimoramento é a leitura. Como material de leitura, os livros respondem pela maior porcentagem, seguidos dos jornais. Ler consiste em adquirir informação, abastecer-se da matéria-prima necessária para o trabalho.

É mais ou menos como cozinhar. Primeiro é preciso juntar os ingredientes. Mesmo que tenha talento, sem os ingredientes, ou seja, o material de trabalho, o cozinheiro não consegue fazer nada. No caso da culinária, a habilidade do cozinheiro se reflete, naturalmente, no resultado. Mas sem ingredientes para cozinhar, não há o que fazer. O mesmo vale para o trabalho. Há uma infinidade de tipos de atividade; a sua pode envolver a fabricação de automóveis ou de algum outro produto, ou pode ser que tenha a ver com elaboração de documentos. Mas o seu trabalho, seja qual for, não é diferente da culinária: é essencial abastecer-se de matéria-prima.

A leitura é uma das formas de "abastecimento". Lendo livros ou jornais, é possível adquirir material para pensar ou trabalhar. Você enfrenta novas tarefas a cada dia e, para estar à altura delas, precisa colher material novo constantemente.

Ler é um dos fundamentos do bom profissional. Geralmente, é verdade que as pessoas que leem muito são competentes em sua profissão. Há uma correlação de setenta a oitenta por cento entre a leitura e a qualidade do trabalho; quer dizer, setenta a oitenta por cento dos que leem muito se saem bem no trabalho. De modo geral, é verdade que aqueles que são diligentes na coleta de informações acabam aumentando a velocidade do processamento mental; consequentemente, acabam se tornando competentes no trabalho.

Não obstante, continuam restando 20 ou 30 por cento de pessoas que leem muito, mas são incompetentes no trabalho. Um motivo para que isso aconteça pode ser sua incapacidade de se relacionar bem com os colegas. Gostam de ficar sozinhas num quarto lendo, mas talvez não tenham habilidade para os relacionamentos interpessoais e não consigam atingir um bom desempenho no trabalho. Mesmo nesse caso, se gostam de ler, é possível encontrar um caminho que proporcione sucesso num trabalho individual.

Outro tipo de pessoa é aquela que lê aleatoriamente, por inércia ou hábito. Seus olhos passeiam nas letras da página à frente, mas ela é incapaz de entender o que importa na leitura. A maioria das pessoas que leem muito, mas não conseguem progredir no trabalho, encaixa-se nessa categoria.

Elas encontram na palavra escrita uma espécie de fuga. Acham desconfortável não ter nada para fazer e empregam o tempo na leitura. Porém, isso não passa de uma maneira de evitar os pensamentos mais profundos ou criar novas ideias. De nada serve ler resmas e resmas de material escrito se você não puder usar o conteúdo na sua profissão. Quem é capaz de peneirar uma grande quantidade de artigos, selecionando apenas aqueles que podem servir no trabalho, progride na carreira. E aqueles que, por mais que leiam, o fazem mecanicamente, só para passar o tempo, não vão evoluir.

Outro ponto que se deve ter em mente é a qualidade do material de leitura. A pessoa que lê apenas jornais ou revistas frívolas pode ficar sabendo a respeito da fofoca mais recente, mas isso dificilmente o ajudará no trabalho.

Em resumo, as pessoas que leem muito, mas se acham incapazes de avançar na carreira profissional, ou não são boas em relações humanas ou não conseguem captar o que lhes interessa, ou leem material de pouco valor.

Aqueles que simplesmente passam os olhos pelas páginas deviam se esforçar para se focar nos pontos-chave. Eu lhes recomendo o exercício de perguntar a si mesmos que informação útil continha o livro que acabaram de ler. É importante ler proativamente, sem se deixar levar apenas pelo interesse do autor. Este com certeza encheu as páginas do livro com as coisas que queria dizer, mas os leitores não compartilham necessariamente os mesmos interesses que ele, de modo que devem procurar as informações que lhes sejam úteis. Devem se concentrar no que é relevante.

Ao ler um livro, procure o que é útil, o que pode ser aplicado, e reflita sobre a influência que ele terá sobre você. Isso irá facilitar o seu estudo e beneficiá-lo no trabalho. Entretanto, se você não tiver capacidade para digerir e interpretar à sua maneira a mensagem do livro, poderá ficar à mercê do autor. É preciso ter cuidado, pois você pode acabar perdendo o seu tempo enquanto o autor tenta convencê-lo com argumentos diversos.

Em termos práticos, procure cultivar o hábito de sublinhar ou marcar com caneta colorida os pontos importantes dos livros.

Escreva: organize as suas tarefas relacionando-as numa folha de papel

Nesta época em que vivemos, escrever é outro modo importante de autoaprimoramento. Não se trata de escrever uma obra volumosa. Hoje em dia, as pessoas são ocupadas demais para escrever muito. O que eu recomendo é listar as tarefas no papel a fim de organizá-las.

Atualmente, todos são assediados por um volume enorme de informações e ficam com a mente ocupada por uma miríade de pensamentos diferentes. Consequentemente, não conseguem avançar por não definir com clareza os seguintes pontos: quais são as tarefas do momento, o que gostariam de dizer, as ideias que lhes ocorreram e o que pretendem fazer.

Quando estiver preocupado, confuso, sem conseguir tomar decisões, trate de acalmar a mente, pegue um lápis e ponha tudo no papel. Com isso, geralmente passamos a ver tudo com muita clareza.

As pessoas que sempre se queixam de estar ocupadas demais precisam "anotar suas tarefas", "escrever exatamente o que estão tentando realizar", "o que precisam fazer" ou "o que querem dizer ao chefe ou patrão". Não há necessidade de escrever muito, basta um lembrete para si; o importante é pôr tudo no papel.

Quando estiver se sentindo confuso, prepare uma lista de todas as tarefas que você deve realizar; vai descobrir que ela o ajuda a organizar a mente e a entender o que e como fazer. Feito isso, basta percorrer a lista para que todas as tarefas encontrem solução. No entanto, muitas pessoas são incapazes de organizar as suas tarefas e acabam entrando em pânico. Uma pessoa simplória se apavora ao enfrentar apenas duas ou três tarefas.

Quando você não souber o que fazer e estiver prestes a desistir, pegue uma folha de papel e escreva a lista de tudo o que você tem para fazer. Não precisa ser muito, apenas um lembrete simples, mas use essa lista para pôr as coisas em ordem. Ao escrever, você estará dialogando consigo mesmo e terá uma ideia mais clara das coisas que precisam ser feitas. Experimente! Você vai ver que o seu trabalho vai fluir com mais facilidade.

De manhã, ao chegar ao trabalho, a primeira coisa a fazer é pegar lápis e papel e anotar o que deve ser feito nesse dia, o trabalho do dia. Não precisa ser uma lista longa, apenas três itens bastam. Se, logo de manhã, você conseguir anotar três tarefas a serem cumpridas durante o dia, já terá feito muito e vai descobrir que é capaz de empregar o tempo com muito mais eficiência. Quem simplesmente vai para o escritório, senta-se com uma xícara de café e fica esperando o telefone tocar, sem ter ideia do que fazer nesse dia, nunca se destacará no trabalho.

Por esse motivo, é importante anotar, de manhã cedo, o que precisa ser feito durante o dia. E quando chegar a hora de voltar para casa, seja às seis da tarde ou às oito da noite, pegue uma folha de papel e repasse o seu dia, anotando tudo o que foi feito e indagando se o fez bem ou não. Depois faça a lista de tudo que você não conseguiu realizar nesse dia, calculando o que precisa ser feito no dia seguinte e o que pode ficar para a outra semana. Organize tudo desse modo para saber claramente o que o aguarda no dia seguinte.

É importantíssimo ter uma ideia clara de tudo o que você fez e de tudo o que tem de fazer. Por mais que tenha todo o tempo do mundo, se ficar esperando as coisas acontecerem, vai acabar ficando sem tempo. O tempo simplesmente passa e nada é realizado. Quem é capaz de dizer exatamente o que tem de fazer e o que conseguiu realizar a cada dia, consegue empregar o tempo com mais eficiência.

Ouça: faça da audição um instrumento de trabalho

Depois de aprimorar a leitura e a escrita, o próximo aspecto importante é "ouvir". Tal como ler, ouvir é um método de colher informações para serem usadas como material no trabalho. Com isso eu quero dizer escutar rádio ou assistir à televisão — os vídeos e os CDs também são úteis. Embora sejam meios visuais, a televisão e o vídeo também incorporam o som.

A audição é um dos sentidos humanos mais fundamentais, e convém usá-la para colher informações que sejam úteis no trabalho. É igualmente importante escutar o que os outros dizem. Encare a audição como uma arma poderosíssima no local de trabalho. Não confie unicamente em seus olhos; use também os ouvidos.

Você pode se servir dos olhos e dos ouvidos com finalidades diferentes; por exemplo, é possível assistir à televisão e ler um livro simultaneamente. Com isso, eu quero dizer que se pode ler o livro e, ao mesmo tempo, usar a audição para captar o conteúdo do programa de televisão. Esse é um exemplo de como empregar a audição, mas há diversas outras maneiras de fazer uso desse sentido.

É surpreendente o número de pessoas que não se dão conta de que, se usarem bem os ouvidos, conseguirão trabalhar melhor. Não subestime o poder da audição. Também é possível usá-la para estudar. Na escola, muita informação pode ser obtida quando se escuta os professores. Curiosamente, a informação que se recebe pela audição tende a criar raízes mais fortes do que a recebida pela visão. Aquilo que se ouve tende a se fixar mais na memória do que o que se lê.

Atualmente nós vivemos a própria era da televisão. Esta exige muito menos esforço do que a leitura de um livro ou de um jornal, de modo que as pessoas tendem a assistir muito à televisão. Entretanto, se compararmos os méritos intelectuais dessa mídia com os da leitura, uma hora diante do televisor equivale a apenas dez minutos de leitura. Um programa particularmente bem feito pode conter muita informação, mas, em sua maioria, eles são muito pobres em conteúdo.

Quase todos os programas de televisão são feitos de maneira tosca. Para produzi-los, basta a emissora convidar uma celebridade e fazê-la falar; o livro, em comparação, envolve um trabalho muito mais árduo. Em primeiro lugar, o escritor precisa reunir toda a informação necessária e esforçar-se para preencher todas as linhas de uma página. Uma vez terminado, o manuscrito precisa ser revisado e editado. No referente à quantidade de informação, é justo dizer que uma hora de televisão corresponde a dez minutos de leitura.

Por outro lado, pela televisão, é possível adquirir conhecimentos que não estão disponíveis nos livros. Por exemplo, um programa de televisão pode exibir cenas de outras partes do mundo, ou sobre conhecimentos e experiências desconhecidos do telespectador, e isso é apresentado de modo fácil na televisão. Sem ela, as pessoas têm pouquíssima oportunidade de tomar conhecimento de campos que não se relacionam com a sua própria vida ou o seu meio, e provavelmente não vão ler a respeito. Por exemplo, um dentista pode saber absolutamente tudo acerca dos dentes, mas é pouco provável que se disponha a estudar pesca submarina em águas profundas, a menos que tenha interesse por ela. No entanto, pode assistir facilmente a um programa de televisão sobre as frotas pesqueiras que singram o Cabo da Boa Esperança para pescar atum e compreender um pouco da profissão de pescador.

Desse modo, a televisão oferece um método simples de obter informação sobre coisas que pouco têm a ver com a nossa vida, e é um instrumento valioso para tomarmos conhecimento daquilo que está fora do âmbito da nossa experiência. Mesmo assim, não esquecer que uma hora de televisão equivale a apenas dez minutos de leitura. Em outras palavras, passando seis horas diante do televisor, você colhe tanta informação quanto em uma hora de leitura.

Dizem que, em média, nos países desenvolvidos, as pessoas assistem à televisão de cinco a sete horas por dia. Porém, mesmo que façam isso durante sete horas, não recebem senão a informação e o estímulo intelectual equivalentes a pouco mais de uma hora de leitura. Além disso, passar longos períodos assistindo à televisão prejudica a vista e causa desgaste mental.

Pense: eleve a sua competência raciocinando e processando ideias

Pensar é outro método importante de autoaprimoramento que tem um papel vital no aumento da eficiência no trabalho. Ao mesmo tempo que lemos, escrevemos e escutamos, nós também pensamos. Para melhorar o desempenho profissional, é preciso exercitar a força do raciocínio. Assim como os músculos, a mente também se fortalece com o exercício.

As pessoas que não costumam pensar com profundidade não conseguem se concentrar mais do que cinco minutos num tema antes de se distrair com outra coisa. Entre elas, há as que não conseguem focalizar nada durante mais que um minuto ou mesmo dez segundos. Quando tentam pensar numa coisa, elas percebem que sua mente logo se distrai com o jantar ou com outro tema irrelevante, de modo que é impossível concluir a tarefa à mão.

Se estiver nessa situação, incapaz de se concentrar num tema único, é preciso que você primeiramente tente se disciplinar por meio da leitura, da escrita e da audição. Treinando continuamente, percebe-se que a mente deixa de se dispersar e, tendo conseguido isso, só resta fortalecer a capacidade de pensar.

Os que ocupam posições de responsabilidade desenvolvem mais essa capacidade porque têm de pensar profundamente e reexaminar várias vezes as ideias. Em consequência, são capazes de fazer um trabalho que gera alto valor agregado.

Quando um chefe de escritório pergunta sobre uma questão da qual supostamente todos já se ocuparam, o funcionário médio responde: "Eu estou trabalhando justamente nisso, amanhã dou uma resposta". No dia seguinte, chega com apenas uma solução para o problema e, se lhe perguntarem o que acontecerá se as coisas não correrem de acordo com o planejado, diz que vai pensar novamente e promete trazer a resposta no dia seguinte. Isso pode se prolongar indefinidamente, com muitos dias desperdiçados com um só problema.

Se você estiver nessa situação, mesmo que inicialmente não possa oferecer mais do que uma solução, procure pensar em opções para três ou mesmo quatro ou cinco alternativas diferentes. Mesmo tendo chegado à solução A, pode considerar também os casos B, C, D e E antes de se dirigir ao chefe e dizer que A é a melhor solução para o problema. Assim fazendo, ainda que lhe peçam outras opções, você pode dizer: "Eu levei isso em conta, mas a solução B tem tal e tal desvantagem. Ela pode ser superada com a solução C, mas esta também apresenta desvantagens, por isso acho melhor adotarmos a A". Desse modo, você consegue responder a todas as perguntas do chefe de uma vez, sem prolongar o serviço por três dias, queixando-se o tempo todo de que está muito ocupado. Portanto, ainda que só lhe peçam uma solução para um determinado problema, convém pensar em várias alternativas.

Essa capacidade é particularmente importante nos setores de secretariado e planejamento das empresas. Ambos exigem empregados preparados para qualquer eventualidade. Por exemplo, a secretária do presidente tem de planejar a agenda diária dele, mas se vê diariamente às voltas com visitantes e telefonemas inesperados, o que a impossibilita de organizar a agenda. Ela pode esboçar grosseiramente os dias subsequentes, mas, como há acontecimentos inesperados, é inútil montar a agenda com uma semana de antecedência.

Se a secretária se recusar a abrir um espaço para alguém que não tenha hora marcada, seu chefe é que vai ficar em apuros. Se o diretor de um dos principais clientes da empresa aparecer e a secretária se recusar a atendê-lo por não ter um horário agendado, a empresa não tardará a começar a enfrentar dificuldades. Mesmo que a agenda já esteja definida, a secretária tem de ser capaz de estabelecer prioridades e fazer ajustes à medida que as situações vão surgindo. Para não entrar em pânico, convém conceber diversas alternativas ao plano básico, de modo que seja possível recorrer a qualquer uma delas se a situação assim exigir.

Essa é a capacidade que se exige de quem trabalha no cargo de secretária. Ela também é vital para os que atuam na área de planejamento, por exemplo, em vendas ou design de produto. No planejamento, é necessário produzir numerosas ideias, já que a maioria delas acaba sendo recusada. Não convém aparecer somente com uma ideia brilhante, pois, se ela for rejeitada, você fica de mãos vazias.

É como o esforço de um pato na água. À primeira vista, ele parece deslizar na superfície sem fazer o menor esforço, mas, se olhar debaixo da água, você vai ver suas patas movendo-se freneticamente. As pessoas que não recusam um trabalho de menor importância, que raramente é notado, são as que têm sucesso na carreira. As que fazem isso o tempo todo são capazes de responder às perguntas inesperadas e têm flexibilidade suficiente para mudar facilmente de ideia. Quem é incapaz de mudar não passa muito tempo aprofundando os pensamentos.

Quando confrontado com um problema, fica nervoso, confuso e tenta pensar às pressas; em consequência, é incapaz de apresentar uma solução.

3. A importância da capacidade de planejamento

Vivemos a Era da Capacidade de Planejamento

O terceiro ponto que eu gostaria de abordar da técnica One Point Up é a importância da capacidade de planejamento.

Dentro de uma organização, existem trabalhos de rotina, e a competência necessária para executá-los é de nível médio. Por exemplo, a operação de carregamento sequencial de peças numa máquina alimentada por uma linha de correia transportadora é um trabalho de rotina. É o tipo de atividade em que os operadores são substituíveis e o seu valor agregado não é tão elevado. O trabalho de alto valor agregado raramente pode ser feito por substitutos.

O planejamento é uma atividade de alto valor agregado. Envolve o desenvolvimento de algo que não existia, a criação de uma coisa a partir do nada. Por exemplo, quem olha para a savana africana e simplesmente pensa: "Puxa, quantos bichos!", nunca realizará nada. Mas pode ser que, ao contemplar a mesma paisagem, outra pessoa diga: "Se eu cavar um poço aqui, talvez brote água. Aí, vou poder criar gado. Depois, posso construir um frigorífico e exportar seus produtos. Assim, vou poder recuperar a economia deste país". Eis por que o planejamento agrega valor.

Entretanto, isso não quer dizer que seja preciso criar a partir de absolutamente nada. Você já conta com uma ideia básica e, em vez de usá-la tal como é, muda a concepção e a combina com outras ideias. Assim, cria algo novo. Isso é possível graças à sua capacidade de planejamento, que leva à criação de algo único. Mudar a forma de abordar um determinado tema é de suma importância para se conceber novas ideias.

Por exemplo, você pode pensar: "Se todas as estradas do mundo inteiro forem asfaltadas, será muito mais fácil percorrê-las", mas esse seria um projeto imenso, que exigiria uma quantidade enorme de matéria-prima e não seria nada fácil implementá-lo. No entanto, você pode mudar a abordagem do tema e pensar: "Em vez de construir estradas, eu vou fabricar sapatos. Assim todos vão poder andar em qualquer lugar, por mais esburacada que seja a estrada". Eis o que é inovar na concepção. Basta proteger os pés em vez de asfaltar a estrada.

Pode ser que os inventores dos primeiros calçados tenham pensado assim. Imaginaram que, se calçassem sapatos, poderiam andar facilmente no pedregulho, na areia ou na lama. Nas regiões em que ninguém teve tal ideia, as pessoas estão descalças até hoje. Portanto, a mudança na forma de pensar é capaz de criar novas ideias, e essa capacidade de planejamento é importantíssima.

Até certo grau, a capacidade de planejamento é algo inato, mas, na maior parte dos casos, as pessoas que têm essa capacidade altamente desenvolvida são ricas em ideias e assuntos graças ao grande volume de informações que acumularam.

Eu já discuti a importância de ler e ouvir, e o fato é que as pessoas que não sabem colher informações geralmente não têm uma boa capacidade de planejamento. As que têm essa qualidade bem desenvolvida estão sempre colhendo informações. Nada sai de onde nada entra. Os que gostam de colher informações e o fazem em grande quantidade são bons em planejamento. O planejamento não acontece num passe de mágica onde não há informação. A pessoa que está sempre à procura de novas informações consegue gerar novas ideias. Estamos ingressando na era da capacidade de planejamento. Num mundo da era do conhecimento e da indústria da informação, não basta fabricar produtos; planejar é essencial. A nossa época exige que você produza ideias, perguntando-se o que fazer, como fazer e que resultado terá, e que coloque essas ideias em prática.

O método KJ — um modo simples de escrever uma tese

Eu discuti a importância de se colher informações quando se faz um planejamento, mas isso não basta para se chegar à criação de novos produtos ou novos negócios. Aproveito, portanto, a oportunidade para apresentar diversos métodos para aumentar a capacidade de planejamento.

O primeiro que eu gostaria de apresentar é o "método KJ". "KJ" é uma referência às iniciais de seu inventor, Jiro Kawakita, um antropólogo japonês que trabalhou no Nepal. Para organizar todos os dados obtidos em sua pesquisa de campo, ele desenvolveu o que ficou conhecido como método KJ, atualmente muito usado na elaboração de teses.

Muitos acham difícil concluir a redação de uma tese no prazo fixado. Por mais que lutem para encontrar uma sugestão ou inspiração que lhes possibilitem escrever cem ou duzentas páginas sobre um tema, não conseguem sequer definir a concepção inicial. Isso também acontece com os romancistas; muitas vezes eles têm dificuldade para escrever um livro. Em tais situações, basta recorrer ao método KJ para que tudo fique mais simples.

Vamos explicar a técnica de maneira concreta. Tenho certeza de que, às vezes, você tem súbitos lampejos de inspiração no decorrer do dia. Em geral, eles surgem inesperadamente de modo que é impossível prevê-los. É comum não aparecerem quando você está pensando sobre o tema, mas sim quando está assistindo a um vídeo, tomando café ou passeando. Ocasionalmente, as ideias surgem, uma após outra, quando você menos espera. Ou, então, durante a leitura de um livro, você pode encontrar uma passagem que pode vir a ser útil.

Quando isso acontecer, não deixe de tomar nota. O método KJ oficial oferece etiquetas especiais, mas é possível empregá-lo com sucesso usando pequenos pedaços de papel. Por exemplo, sempre que lhe ocorrerem ideias, anote-as em etiquetas autoadesivas e espalhe-as em lugares estratégicos da casa. Você pode anotá-las rapidamente e colar as etiquetas num lugar em que possam ser facilmente encontradas. Quando voltar a ter um pensamento inspirado, é só repetir o processo, colando uma etiqueta toda vez que lhe ocorrer algo. Quando tiver reunido um número razoável delas, ordene-as e você vai ver que tem um fluxo lógico de ideias.

Usando esse método, você vai perceber que terá muito mais facilidade para escrever relatórios ou teses.

Normalmente, é difícil sentar-se e escrever uma tese completa de uma vez. Então, primeiramente, colha os dados, lendo todos os livros necessários, anotando nas etiquetas tudo o que, na sua opinião, pode ajudá-lo e, quando tiver reunido muitas etiquetas, divida-as em grupos de ideias relacionadas até formar várias pilhas. Feito isso, basta dar a cada uma delas os nomes Capítulo Um, Capítulo Dois, Capítulo Três etc. e, quase sem perceber, você terá concluído uma tese que preenche um livro.

Mesmo que não tenha inspiração para escrevê-la do começo ao fim, se proceder desse modo conseguirá produzir um bom trabalho.

Aliás, eu escrevi este capítulo usando um método parecido. Ele se baseia em apontamentos que enumerei e aos quais dei um título. Conceber esses títulos custou-me apenas três minutos, e o processo que utilizei foi o seguinte: em primeiro lugar, imaginei o título "Técnica One Point Up para melhorar o desempenho no trabalho", depois me concentrei no conteúdo. Pensando que é importante ter motivação, escrevi "Motivação" numa ficha e a guardei. A seguir, pensei na necessidade de autoaprimoramento e escrevi "Autoaprimoramento". Refletindo sobre o que isso envolveria, cheguei aos subtítulos "Ler, escrever, escutar e pensar". Então, considerando o que mais era necessário, não tardei a idealizar "capacidade de planejamento" e "força de equipe". Dispor em sequência esses pontos desconexos permitiu-me compor o capítulo, o que ao todo não me tomou mais que três minutos (embora eu não tenha usado essa ideia nos outros capítulos).

Normalmente, pode não ser fácil fazer isso tão diretamente, mas, se você se dispuser a gerar dezenas de etiquetas de conteúdos mais detalhados, conseguirá escrever uma ótima tese. Aplicando o método KJ, é possível redigir qualquer coisa, desde uma tese de fôlego até o mais breve dos artigos. A mente humana cria muitas ideias ao acaso, de modo que, anotando-as, colocando-as na ordem correta e então complementando-as com a informação necessária, é possível concluir qualquer tese. Trata-se de um método simples, que pode ser usado por qualquer pessoa e aumenta muito a capacidade de planejamento.

Brainstorming — um modo de gerar ideias originais

Outro meio de aumentar a capacidade de planejamento é o brainstorming. Essa palavra em inglês significa "tempestade cerebral".

Normalmente, pessoas nas mais diferentes posições participam das reuniões da empresa, inclusive executivos, gerentes, chefes de seção e subgerentes. Se cada um estiver preocupado com a sua posição hierárquica, nem todos conseguirão dizer o que realmente pensam. Quando um executivo decide: "É assim que nós vamos proceder", os outros não têm outra alternativa a não ser concordar, já que ninguém pode cooperar com ideias próprias.

Já o brainstorming ocorre numa atmosfera muito mais descontraída, e a posição dos participantes não tem a menor importância. A única regra do brainstorming é: não se deve criticar nada do que for sugerido. Todos devem sentir-se livres para dizer o que lhes ocorrer, pois é assim que surgem as opiniões e ideias mais originais. É impossível saber quem terá as melhores ideias; às vezes, pode ser um novato, um recém-contratado, já que a posição pouco tem a ver com as ideias. Nas empresas que conferem muita importância à hierarquia, os empregados novos passam os dois primeiros anos ou até mais sem manifestar uma opinião, mas, se não se der importância à posição, é possível que apareça todo tipo de ideia interessante.

O local também é importante; não deve ser um ambiente formal demais. A lanchonete é uma boa escolha para estimular mais liberdade de pensamento. Não é incomum que numa sessão de brainstorming surja uma ideia interessante, prática e que leve a novos projetos e produtos.

O brainstorming não serve unicamente para as reuniões de empresa; ele tem também utilidade para os indivíduos. Eu mesmo o emprego com frequência. Quando não consigo ter uma ideia, pego vários livros e revistas sobre os mais diversos temas e os leio. Embora sejam desconexos, quando combinados de diferentes maneiras, esses temas criam conexões entre si. Essa combinação de materiais não relacionados gera novas ideias e, às vezes, resulta na criação de algo novo. Ler uma variedade de artigos sem nenhuma relação entre si me permite olhar para as coisas de um modo novo, e isso geralmente leva a ideias construtivas.

Dizem que o físico japonês Hideki Yukawa (1907-1981) dedicou sua infância à leitura dos clássicos chineses. Embora nada indique que o estudo dos clássicos chineses tenha muita relevância para a física, parece que a cultura adquirida desse modo foi útil à sua pesquisa. Os pensamentos do filósofo chinês Chuang-tzu (367-279 a. C.) influenciam muito a teoria da física quântica da autoria de Yukawa. Pode ser que o taoismo não tenha nenhuma importância para a física, mas o conhecimento do tema apresentou a Yukawa insights repentinos que lhe permitiram pensar coisas que nunca teriam ocorrido a outro cientista.

Quem está enfrentando um bloqueio mental, às vezes consegue vislumbrar uma outra perspectiva ou ter uma ideia nova combinando materiais não relacionados. Ler ou escutar temas sem relação com aquele que lhe interessa pode forjar combinações que ofereçam uma abordagem completamente diferente, mais ou menos como o hidrogênio e o oxigênio se combinam para criar a água.

Eu discuti a importância da capacidade de planejamento e espero que você se empenhe em desenvolvê-la. A atividade de planejar produz alto valor agregado e tem muito mais importância do que o mero trabalho burocrático. Não esqueça: o mundo está ingressando na era da capacidade de planejamento.

4. Maximizar o poder da equipe

**Os planos para obter reconhecimento estão fadados
ao fracasso**

O quarto ponto que eu gostaria de discutir, com referência à técnica da melhoria do desempenho profissional One Point Up, é a maximização do poder da equipe. Aqueles que tentam satisfazer uma ambição e anseiam por exercer o próprio talento tendem a aspirar ao reconhecimento pessoal. Por mais admirável que seja esse afã, geralmente as pessoas acabam se envolvendo de tal modo com seus próprios interesses que não têm consideração por mais ninguém, só por si mesmas. E, mesmo que procurem dar o máximo, esse esforço acaba se revelando um tiro pela culatra e, quanto mais elas se empenham, mais irritados ficam os que as rodeiam.

É bem possível que quem está nessa situação se pergunte por que é assim; por que, apesar de todo o seu empenho para melhorar e de toda a sua dedicação ao trabalho, os outros lhe negam o reconhecimento que merece. O problema é que lhe falta consideração pelos demais; a pessoa só sabe pensar em si mesma.

Aqueles que só apresentam planos com o objetivo de aumentar o próprio prestígio, que só pensam em se promover por conta de uma ideia muito inteligente, nunca produzem um bom trabalho. Mesmo que apresentem um grande número de planos, em muitos casos são encarados com hostilidade pelas pessoas à sua volta.

Pense em beneficiar toda a equipe

Hoje em dia, o correio eletrônico já é regra no local de trabalho, e está ficando cada vez mais comum, entre os funcionários, a prática de enviar suas ideias diretamente para a chefia. Até mesmo um simples operário tem a possibilidade de mandar uma mensagem eletrônica diretamente ao diretor-presidente da empresa. Não obstante, embora este possa estar aberto a todas as ideias, é preciso que haja algum tipo de controle, do contrário o diretor-presidente pode acabar recebendo quinhentas mensagens por dia. Durante o expediente, os funcionários tendem a abusar dos e-mails para fins pessoais, como para perguntar onde os colegas gostariam de almoçar.

Se você pensar unicamente em si ao apresentar uma ideia, o resultado quase sempre será confusão. Antes de dizer alguma coisa, convém levar em conta a posição da outra parte. Por exemplo, ao propor um plano a alguém, é bom indagar se ele será útil a essa pessoa. Se agir desse modo, naturalmente você perceberá o que deve ser eliminado. Das quinhentas mensagens eletrônicas que o diretor-presidente recebe por dia, mais de 490 são pura perda de tempo. Portanto, o que importa na apresentação de um plano não é o fato de ele ter sido elaborado por você, e sim se ele realmente será útil para os demais.

Na maior parte dos casos, os planos propostos por motivos egoístas, como obter reconhecimento ou elogio, não têm sucesso. Entretanto, um plano que não se baseia em esquemas para obter reconhecimento pessoal e se destina a fazer com que o chefe seja bem-sucedido e avance tem muito mais possibilidade de dar certo. Os projetos cujos autores pensam primeiro nos outros costumam ser bem-sucedidos.

Se, graças ao seu trabalho, você ganhar um "ponto" extra, enquanto todos os que o rodeiam o perderem, o total será negativo. Por mais importante que seja o sucesso, você sempre deve levar em conta os demais integrantes da sua seção, departamento ou empresa e trabalhar para que todos se beneficiem com o seu sucesso. Do contrário, se empregar toda a sua energia simplesmente para "se dar bem", o resultado será a inimizade dos que trabalham com você.

Enfim, o plano cujo resultado final é negativo deve ser considerado um fracasso. O mesmo se pode dizer do treinamento. Se o seu autoaprimoramento resultar na hostilidade de todos os seus colegas, isso significa que ele produziu um efeito negativo. É importante que você desenvolva as suas aptidões, porém, isso só será válido se o resultado geral for benéfico para todos. Você também deve ter em mente o fortalecimento e o sucesso de toda a equipe com a qual trabalha.

Não pense apenas no seu progresso, procure sempre o sucesso pessoal que propicie o sucesso de todos os que o cercam. Se se empenhar para encontrar um modo de realizar isso, você vai ver que o seu desempenho profissional estará One Point Up (um ponto acima), ou seja, apresentará infalivelmente uma evolução.

Capítulo Três

Os quatro princípios que trazem a felicidade

1. Quatro métodos para se libertar do sofrimento

Com o título "Os quatro princípios que trazem a felicidade", este capítulo aborda os Princípios da Felicidade tal como os ensina a Happy Science. No entanto, tão vasto é o corpo de ensinamentos e teorias baseadas nos Princípios da Felicidade que é impossível abrangê-lo totalmente nestas páginas. Por isso, eu gostaria de me concentrar no fundamental, oferecendo uma explicação simples e de fácil entendimento para os iniciantes, mas que também ofereça aos que já estudaram a Verdade uma perspectiva útil para que possam difundi-la aos outros.

Os quatro princípios que vou expor não são algo com que eu tenha sonhado; baseiam-se na minha experiência pessoal. Embora eu os tenha descrito como os "quatro princípios que trazem a felicidade", o fato é que são quatro caminhos para a Iluminação ou, para expressar de outro modo, quatro métodos para nos libertarmos da angústia e do sofrimento.

2. Como se libertar do sofrimento do "amor possessivo" — *O Princípio do Amor*

A dor de não ser devidamente reconhecido ou valorizado

Eu quero começar discutindo a questão de como se libertar do sofrimento gerado pelo "amor possessivo", ou seja, pela cobrança do amor. Ao contemplar a dor que há neste mundo, eu vejo que boa parte dela provém do fato de as pessoas não conseguirem o que querem. Na verdade, essa dor de não ter o que se deseja é também a dor de não ser amado, de não ser devidamente reconhecido ou valorizado pelos outros, tanto psicológica quanto materialmente.

O reconhecimento psicológico pode ser manifestado por meio de palavras, sentimentos, gestos, tratamentos, honrarias ou cargos. O reconhecimento material pode ser manifestado em forma de comida, roupa, salário, carro, casa etc. Considerando que o reconhecimento é algo que deve ser concedido pelos outros e não algo que adquirimos por conta própria, se fizermos questão dele, certamente esse será um fator de sofrimento. Portanto, pode-se dizer que, na maioria dos casos, o sofrimento das pessoas da era atual resulta da sensação que a pessoa tem de não estar recebendo dos outros o que ela acha que merece.

Alguns podem pensar: "Eu trabalho muito, mas continuo a ganhar pouco" ou "Eu sou bom no trabalho, por que então não me promovem?" ou ainda "Eu faço o possível e o impossível, mas minha esposa (ou marido) e os meus filhos não reconhecem". E há os que talvez se queixem assim: "Eu me dedico tanto aos estudos, por que as mulheres não me querem?" ou "Eu me empenho tanto no trabalho, por que não me dão oportunidade de mostrar o meu potencial?"

Em suma, ao examinar a origem dos sofrimentos, verificamos que eles resultam da frustração pela falta de reconhecimento dos nossos esforços ou do péssimo tratamento que recebemos dos outros; é a frustração por não conseguirmos atingir determinados objetivos.

Quando o problema é reconhecimento material, as pessoas conseguem se conformar com a situação, mas, sendo emocional, particularmente de origem interpessoal, é dificílimo superar a dor, pois não conseguimos mudar os sentimentos dos outros.

Infelizmente, aqueles de quem esperamos reconhecimento raramente nos dão importância, e aqueles por quem desejamos ser amados poucas vezes nos têm afeição. Por outro lado, as pessoas que não queremos impressionar nos reconhecem muito e aquelas de que não gostamos se apaixonam por nós. Este mundo é sempre assim e, por isso, raramente as coisas são como desejamos.

A carência afetiva em relação aos pais perdura na idade adulta
No contexto das relações humanas, temos tanto o amor entre o homem e a mulher como outros tipos de amor. Na maior parte dos casos, esse tipo de sentimento causa um sofrimento que pode ser classificado como sede de amor ou apego desesperado, o que não é aprovado pelo budismo.

Esse sofrimento tem origem no desejo de fazer com que os outros ajam como nós queremos e isso pode ser observado com frequência na relação entre o homem e a mulher ou nos relacionamentos entre pais e filhos.

É comum os filhos quererem que os pais supram suas vontades ou lamentarem que eles não tenham mais recursos. Mais tarde, ao chegar à idade adulta, pode ser que continuem sentindo que o sofrimento que sentem tem raízes na "falta de recursos dos pais", quando eram crianças. Suas queixas são, por exemplo: "Pena que meus pais não eram ricos", "Pena que não tinham um status mais elevado", "Infelizmente, meus pais eram muito provincianos", "Eles já eram velhos quando eu nasci" ou "Meus pais viviam doentes". Outros dizem: "Os meus eram divorciados", "Eles viviam separados", "Um deles morreu, de modo que fui criado numa família em que faltava um dos pais" ou "Meu pai tinha uma amante, por isso minha mãe e ele viviam brigando".

Há casos em que as pessoas sentiram carência afetiva em relação aos pais na infância e se queixam deles de diversas maneiras. Mesmo depois de adultos, a raiz dessa insatisfação perdura, e é impossível extirpá-la totalmente. Por exemplo, aos 20 anos, é possível que você tenha queixas quanto à maneira como seus pais o criaram, mas nesse estágio da vida eles já estão na fase em que perderam totalmente a maleabilidade para mudar, já estão cristalizados e a vida também já está definida. Eles até gostariam de recomeçar a vida se lhes fosse possível. Porém, a vida já está estruturada de maneira irreversível. A única coisa que podem dizer talvez seja: "A sua desgraça foi ter nascido na nossa família", mas agora é tarde. É impossível, depois que os filhos estão na idade adulta, alterar o modo como eles foram criados. Portanto, por mais que estes estejam insatisfeitos com a situação atual, não há como modificar esse fato.

Essa carência vivida na infância se expressa de diversas maneiras na idade adulta. Pode ser que ele procure no chefe ou no patrão um modo de suprir a carência que sentia nos pais, esperando que o gerente ou o diretor da empresa satisfaça a sua necessidade de reconhecimento. No entanto, na maioria dos casos, isso não leva senão à mesmíssima carência que ele sentia com os pais. E novamente não consegue satisfazê-la conforme desejado.

Não se pode esperar outra coisa. Numa empresa, o chefe de seção, o gerente ou o diretor-presidente é responsável por supervisionar dezenas, centenas ou até milhares de empregados. Assim como nas famílias grandes os pais procuram dar o mesmo tratamento a todos os filhos, os executivos de uma empresa tentam ser equânimes para com toda a equipe, sem mostrar favoritismo a ninguém em particular. Se o executivo mostrar suas preferências e antipatias na equipe, afetará a motivação de todo o escritório, e por isso ele se esforça para evitar essa situação. Consequentemente, por mais que um membro da equipe queira monopolizar a atenção do chefe, geralmente esse esforço é inútil e está fadado ao fracasso.

É raro um executivo dar tratamento preferencial ou precedência a um funcionário em detrimento de outro. Se isso acontecer, a pessoa em questão acaba sendo objeto da inveja, da agressão e de outras formas de hostilidade dos colegas e, em consequência, está sujeito a sofrer reveses. O membro da equipe que for o único a receber reconhecimento geralmente acaba sendo vítima de insultos, calúnias e fofocas, coisas que tornam a vida insuportável. Ao ser tratado dessa maneira, ele percebe que seria melhor que o chefe não o tivesse privilegiado. Assim, embora aspire ao reconhecimento do chefe para compensar o que seus pais lhe negaram, finalmente tem de abrir mão disso por iniciativa própria, o que leva a uma nova carência.

Há casos, portanto, em que é impossível obter o reconhecimento da sociedade. O desejo de aprovação social geralmente representa o desejo de aprovação paterna com base no princípio paternalístico. A pessoa sente que o pai não demonstrou reconhecimento por ela e, mais tarde, tenta compensar isso buscando o aplauso daqueles que têm autoridade. Quer que a sociedade lhe ofereça o reconhecimento que o pai lhe negou. Mas, na maior parte dos casos, tal como o seu pai, tampouco a sociedade lhe dá o que ela espera. Diante disso, ela muda o foco e passa a procurar o amor materno a que aspirava na infância.

Mesmo sem ter o reconhecimento do pai, se a criança receber amor ilimitado da mãe e isso for compensação suficiente, ela conseguirá ter paz. Quem passou por isso na infância descobre que, mesmo sem obter sucesso na sociedade, pode ser salvo de outra maneira. Talvez busque a felicidade na família se não conseguir ser bem-sucedido socialmente. É muito comum a busca secundária da felicidade no lar.

No entanto, não falta quem sinta que também não recebeu amor suficiente da mãe na infância. Tendo dois ou três filhos, os pais só podem oferecer a metade ou um terço do seu amor a cada um e, se um deles receber mais atenção do que lhe cabe, os outros se sentirão discriminados. É comum os filhos acharem que o pai não lhes dava atenção suficiente. Mas também há os que sentem que tampouco a mãe lhes dava bastante amor, não brincava com eles, não os elogiava ou não lhes dava carinho físico. Pessoas assim geralmente sentem carência também no contexto doméstico.

Os homens que, quando meninos, desfrutaram um relacionamento carinhoso com a mãe tendem a escolher por parceira uma mulher carinhosa, de modo que, mesmo que sofram reveses na carreira, a esposa consegue ajudá-los a curar as feridas. Todavia, os que não receberam amor suficiente da mãe na infância geralmente não conseguem se casar com uma mulher carinhosa, mesmo que, subconscientemente, isso seja o que mais querem na vida. Muitas vezes se apaixonam por uma pessoa que é o contrário do seu ideal, escolhendo uma parceira rude, crítica, do tipo que acaba magoando ainda mais. São atraídos justamente por alguém oposto ao desejado. É natural, pois, que as pessoas assim se sintam feridas por não serem capazes de se casar e, quando porventura se casam, sentem-se magoadas mesmo assim. Acabam sofrendo reveses também em casa e, no fim, simplesmente repetem a experiência que tiveram na infância.

Pessoas que sugam tal qual areia movediça
As feridas no coração da criança vêm à tona dos mais diversos modos no adulto, o que ocasiona uma existência infeliz. O motivo é que algumas pessoas sentem que, por terem sido infelizes e frustradas no começo da vida, têm de procurar quem compense isso, quem preencha o vazio de seu coração.

Os que passam a vida cultivando tais sentimentos são como areia movediça; quanto mais recebem, mais pedem. Mesmo que a sociedade os reconheça e os valorize, eles acham pouco. Sempre exigem mais, dizendo: "Eu quero mais reconhecimento, mais elogios. Quero imediatamente um cargo mais importante e um salário mais elevado. Quero o aplauso do público". Suas exigências não têm fim, e, consequentemente, as pessoas acabam ficando fartas e deixando de estimá-los, motivo pelo qual eles ficam magoados e frustrados.

O mesmo ocorre no lar. A pessoa que nunca se dá por contente continua insatisfeita, não importa a dedicação que o marido ou a esposa tenha por ela. Por mais que o parceiro se esforce, ela não dá valor; pelo contrário, só tem olhos para o que está faltando. Mesmo que o parceiro consiga atender 99 por cento de suas exigências, ela se concentra no um por cento que está faltando e diz: "Isso não está bom, você precisa melhorar".

Por exemplo, mesmo que o marido tenha sucesso profissional, seja promovido e supere os colegas, a esposa se queixa de que todo dia ele chega tarde em casa e se zanga constantemente. Claro que isso não quer dizer que ela passará a ficar contente se ele começar a chegar mais cedo; nesse caso, vai reclamar porque o marido não foi promovido mais rapidamente. A esposa que critica o marido por chegar tarde em casa também será a primeira a criticá-lo por não progredir no trabalho, por não ganhar o suficiente e por um milhão de outros motivos se ele chegar em casa mais cedo. Esse é o caráter de uma pessoa assim; ela escolhe um ponto para criticar o parceiro, mas, se este o retificar, ela não tarda a encontrar outro motivo de queixa. Trata-se do tipo de pessoa que nunca fica satisfeita.

Sejam homens ou mulheres, essas pessoas deviam olhar bem para si mesmas e ver que estão longe de serem cem por cento perfeitas. Deviam se perguntar se são perfeitas a ponto de poder exigir cem por cento de perfeição dos outros. Deviam pensar como é um homem perfeito ou uma mulher perfeita e indagar se gente assim existe de fato. Por exemplo, o fato de se casar com uma mulher famosa, com uma celebridade da televisão, traz satisfação ao homem? O mais provável é que esse casamento só lhe cause sofrimento. A celebridade decerto só se preocupará com o seu desempenho na televisão, desejará ser objeto da atenção das pessoas no mundo inteiro. Portanto, terá pouco interesse pelo marido, pouco tempo para ficar com ele e raramente estará em casa. Por esse motivo, é improvável que um homem seja feliz casando-se com uma mulher assim, embora haja exceções. Do mesmo modo, a mulher que se casar com um homem que todas as outras idolatram, terá dificuldade para alcançar a felicidade, pois ela vai se preocupar o tempo todo com o comportamento do marido.

Isso deixa claro que quem não é perfeito não deve cobrar perfeição do parceiro. Quem diz: "Eu sou perfeccionista e não serei feliz enquanto não tiver encontrado um parceiro perfeito" está dando definitivamente as costas para a felicidade. Em muitos casos, as pessoas com tendência a cobrar incessantemente nem chegam a ter consciência do que lhes é dado — mesmo recebendo muito amor dos que as cercam, só se concentram no que não podem ter. Em consequência, o parceiro acaba ficando exausto, pois o esforço que faz para dar amor é inútil.

Seja grato pelo que lhe dão

É importante perceber a necessidade de se abandonar a ideia de que só alcançamos a felicidade quando a recebemos dos outros. Isso não tem fim. Seja no sentido material, como objetos ou dinheiro, seja no das coisas intangíveis, como o prestígio social ou a fama, seja no de qualquer outra coisa como a saúde, as pessoas nunca estão satisfeitas; jamais conseguem dizer: "Isto é ótimo, é perfeito".

Na maior parte dos casos, é você mesmo quem cria o seu sofrimento, de modo que, se tem essa tendência, esforce-se para superá-la. Pode ser que o seu parceiro falhe em um por cento ou mesmo em dez por cento, mas, em vez de acusá-lo por causa desses dez por cento, procure concentrar-se nos noventa por cento restantes. Quando um parceiro espera cem por cento do outro, o resultado é quase sempre a discórdia no lar. Alguns se empenham muito em chegar à perfeição que é esperada deles;

no entanto, ainda que isso os leve a ser parceiros perfeitos, também pode causar doenças psicossomáticas.

O mesmo ocorre quando o sogro ou a sogra espera cem por cento de perfeição da esposa do filho recém-casado. A moça pode fazer tudo o que puder por eles, mas o ressentimento vai lhe consumir o coração. Em vez de procurar cem por cento de perfeição nos demais, é importante concentrar-se naquilo em que as pessoas são boas. Se fizer isso, você vai ficar assombrado ao ver como o mundo à sua volta mudou. Portanto, pare de querer tomar e cobrar, acreditando que só assim alcançará a felicidade. Em vez disso, trate de averiguar o quanto tem recebido e observe os pontos positivos dos demais, não os negativos. Aliás, mudar o modo de ver e pensar dessa maneira já é o primeiro passo do ato de dar aos outros ou de amar os outros.

Muitos homens e mulheres se esforçam bastante; porém, ainda que consigam corresponder a noventa por cento da expectativa do parceiro, este vive permanentemente irritado com os dez por cento que faltam. Talvez chegue a dizer: "Você é uma boa pessoa, mas tem um hábito — um só — que me incomoda muito". Por exemplo, é possível que pense: "Ele é um homem bom e trabalhador, mas eu quero que pare de usar aquele fixador de cabelo", "Eu detesto a barba dele", "Não gosto dos seus olhos puxados para cima", "Ele tem o costume de bufar de vez em quando" ou "Ela range os dentes durante a noite". Existe uma infinidade de coisas capazes de incomodar uma pessoa.

Não obstante, aqueles que se fixam num único defeito estão em busca da infelicidade. Quem diz coisas desse tipo na verdade quer ser infeliz, procura um motivo para sê-lo. Quer ter a possibilidade de dizer: "Por causa dessa coisinha, eu não posso ser feliz". Pois o melhor a fazer é parar com isso. Deve, isto sim, tentar enxergar os pontos positivos dos demais, mudar o seu modo de pensar e agradecer pelo que lhe tem sido dado.

Portanto, decida, agora, parar de tomar dos outros. Olhe para o que você tem recebido; talvez consiga pensar em dar algo às outras pessoas ou, pelo menos, em retribuir um pouco do que lhe dão. Por exemplo, se toda noite o seu parceiro chega tarde do trabalho, deve haver um motivo. Por isso, em vez de se queixar, procure lhe oferecer palavras de conforto. Mesmo um esforço pequeno como esse faz uma grande diferença. Se ele sempre volta tarde, sabe perfeitamente que você não dá ouvidos a desculpas; portanto, não vai falar muito. Mas, se você demonstrar afeto, ele ficará mais inclinado a abrir o coração e falar.

Não é preciso um único centavo para melhorar as relações humanas

Em primeiro lugar, é preciso nos conscientizarmos de que ninguém é feliz olhando somente para o que falta e desejando-o ardentemente. Você já recebeu muito, portanto mostre um pouco de gratidão. Se fizer isso, vai sentir necessidade de dar algo em troca e poderá iniciar uma vida de retribuição. A verdade é que não há como ser infeliz numa existência voltada para a retribuição. Assim que começamos a vida centrada na retribuição, deixamos de nos sentir infelizes.

Isso não quer dizer que você vá retribuir cem por cento do que recebe, mas se devolver só um por cento, alcança um por cento de felicidade. Se devolver dez por cento, alcança dez por cento de felicidade; cinquenta por cento lhe valerão cinquenta por cento de felicidade e noventa por cento proporcionarão noventa por cento de felicidade. Por esse motivo, se passar a amar as outras pessoas ou a dar algo a elas, vai descobrir, por meio dessa inversão de perspectiva, que a infelicidade desapareceu de sua vida. Aliás, esse é o processo de criação da felicidade.

Ninguém é tão feliz quanto aquele que considera sua a felicidade alheia, ao passo que quem considera a felicidade alheia a sua infelicidade terá muita dificuldade em ser feliz. As pessoas capazes de ficar felizes por ver a felicidade alheia têm a atitude mental propícia à felicidade.

Geralmente, a dor do amor possessivo, ou seja, da cobrança do amor, provém da carência afetiva nas relações humanas, da ideia de que se merecia receber mais. Entretanto, é preciso entender que esse tipo de sentimento não faz senão afundar a pessoa ainda mais na areia movediça. Convém descartar esse tipo de pensamento, agradecer a estima que você recebe e concentrar-se mais no que pode fazer pelos outros, e não no que quer que os outros façam por você.

Por exemplo, imagine que você seja uma pessoa muito ressentida com o chefe porque ele não valoriza o seu trabalho. Se você se perguntar o que fez para ajudá-lo a ter sucesso na empresa, o apoio que lhe deu, vai ver que a resposta é "bem pouco". Mesmo assim, você continua preocupado unicamente com o fato de ele não dar valor à sua contribuição.

Se você perguntar a si mesmo se fez alguma coisa para ajudá-lo a progredir na vida, se realmente colaborou com toda a sua capacidade, é provável que a resposta seja: embora lhe pareça que trabalhou muito, você fez pouco do ponto de vista dele. É possível que o seu chefe esteja convencido de que você só se empenha no trabalho um mês antes do pagamento da gratificação e que, depois de recebê-la, volta a ser negligente como sempre. Assim é a vida — embora você acredite que dá o melhor de si, não falta quem o considere um egoísta, que só se empenha quando espera tirar alguma vantagem, do contrário prefere se poupar. Você não sabe disso — só sabe que, por mais que se esforce, ninguém reconhece a sua contribuição.

Por isso é importante colocar-se na posição do outro e preocupar-se não com o que você recebeu ou deixou de receber, e sim com o que deu ou deixou de dar. Então, faça uma profunda reflexão, compense as omissões passadas e comece a agir. Esse é o caminho da felicidade.

Há quem passe anos e anos casado sem dizer uma só palavra de reconhecimento pelo muito que o parceiro faz. Mas por que tanta hesitação? O que custa um elogio? Por exemplo, se a sua esposa mudar a maquiagem e ficar um pouco mais bonita, por que não elogiá-la? Se o seu marido chegar em casa dez minutos mais cedo do que de costume, por que não elogiá-lo dizendo: "Puxa, você conseguiu chegar mais cedo; deve ter trabalhado muito!"? Com isso, ele perceberá que você fica contente quando ele consegue voltar mais cedo para casa. Assim, ele também se alegra e percebe que valeu a pena planejar bem o sequenciamento das tarefas e terminar mais cedo. Pequenos comentários desse tipo fazem uma grande diferença.

Muitos pensam exclusivamente em si e não perdem a oportunidade de chamar a atenção, mas ninguém tem sucesso desse modo. Mesmo que, às vezes, pareçam bem-sucedidas, essas pessoas não tardam a sofrer uma queda. Em geral, quanto mais alto conseguem chegar, maior é a queda. Mostram-se confiantes e fazem apostas ousadas, por isso podem chegar a ter êxito às vezes, mas não tardam a ser desmascaradas. Portanto, sejam humildes. Ser humilde não custa nada. O que importa é ser dedicado, simples e modesto. Excesso de arrogância e agressividade acaba provocando uma queda.

Melhorar as relações pessoais não custa um centavo; não custa nada. As únicas coisas necessárias são uma mudança de atitude e algumas palavras amáveis. Talvez também seja preciso gastar uma pequena quantidade de energia, mas esse não é um alto preço a pagar.

Do mesmo modo que uma pessoa pode continuar a se lembrar de um insulto depois de dez anos ou mais, também precisa se lembrar dos elogios. É possível que, mesmo decorridos dez anos, ela continue zangada pela crítica recebida, mas o prazer de receber um elogio também pode durar esse tempo. Basta um momento para oferecer um elogio, mas o seu efeito persiste indefinidamente. Com isso, podemos ver que não custa nada melhorar as relações pessoais e colocá-las no caminho da felicidade. Requer pouquíssimo esforço, apenas uma mudança de atitude e uma pequena demonstração concreta de boa vontade.

É evidente que a maior parte do sofrimento no mundo procede da dor causada pela cobrança de amor. As pessoas sofrem por querer mais e mais. Em vez de se concentrar no que você quer, pense no que pode dar aos outros. Vai descobrir que assim que tentar fazer isso, suas aflições desaparecerão. Essas palavras de Iluminação têm o poder de lhe abrir os olhos.

Até aqui, abordei aspectos fundamentais do Princípio do Amor.

3. Se você tem tempo para lamentar a falta de inteligência, use-o para estudar — *O Princípio do Conhecimento*

A maioria das pessoas se preocupa com a falta de inteligência

O próximo tema que eu gostaria de discutir se intitula "Se você tem tempo para lamentar a falta de inteligência, use-o para estudar". Refere-se ao Princípio do Conhecimento e, embora esse tópico possa ser abordado de maneira complexa, vou apresentar uma explicação simples.

Na segunda seção deste capítulo, eu comentei que muitos lamentam o fato de não receber amor dos outros e, por isso, se acham infelizes. Expliquei que, para essas pessoas, o caminho da felicidade está no Princípio do Amor, segundo o qual elas podem encontrar a felicidade dando amor aos demais. Nesta seção, eu gostaria de examinar outro grupo de pessoas: as que se queixam da falta de inteligência.

Muitos se imaginam os únicos com essa preocupação, mas, se olharmos para a população do mundo, veremos que 99,99 por cento acham que carecem de inteligência. É estranho, mas, como é impossível devassar a mente alheia, todos acham que o problema é exclusivamente seu, quando, na verdade, trata-se de um problema praticamente de todo mundo.

Tomemos o exemplo da qualificação acadêmica. Muitos invejam as pessoas formadas nas melhores universidades; porém, se você imagina que elas se acham inteligentes e se orgulham de seu intelecto, é provável que esteja muito enganado. Aliás, os que têm um bom desempenho acadêmico são os que tendem a sofrer mais de complexo de inferioridade. Quem, mesmo sem ter estudado, está satisfeito consigo mesmo não sofre tanto com esse tipo de complexo; os que dedicam a maior parte de sua capacidade ao estudo são os que mais sofrem quando acham que os outros estão mais adiantados.

Você pode pensar: "Essa pessoa está numa universidade excelente, portanto não deve ter complexo de inferioridade. Que sorte! Eu estou numa universidade de segunda linha, e isso me dá um tremendo sentimento de inferioridade" ou "Eu não fiz nenhuma faculdade, por isso tenho complexo de inferioridade". No entanto, são os que estudam nas melhores universidades e se empenham ao máximo que sofrem com os mais profundos sentimentos de inferioridade quando não conseguem se sair bem nos estudos.

Para eles, a diferença de um ponto numa prova significa a diferença entre a genialidade e a mediocridade, e isso pode lhes causar muita angústia. É provável que as pessoas que não dão importância à carreira acadêmica sintam que tudo isso é uma grande tolice, mas quem tem tais valores reage prontamente à menor diferença na pontuação. Por esse motivo, os estudantes que frequentam as melhores universidades são os que sofrem mais com o complexo de inferioridade; isso nos permite dizer que é difícil julgar as pessoas com base em critérios externos como o currículo acadêmico.

A inteligência não leva necessariamente ao sucesso

É um erro generalizar, dizendo que todos os que se formam nas melhores escolas e têm um excelente desempenho acadêmico são felizes. Essas coisas não fazem senão apresentar-lhes novos problemas; por exemplo, pode ser que eles pensem: "Se eu fui tão bem nos estudos, por que não consigo ter sucesso?", "Meu desempenho acadêmico é excelente, por que as pessoas não têm um conceito mais alto a meu respeito?" Ou "Eu fui bem na escola, por que não consigo ganhar dinheiro?". Essas preocupações podem se tornar muito sérias.

Esse é um problema universal, presente em toda parte, e inclusive pode ser sintetizado pela seguinte regra: quanto melhor o desempenho acadêmico de uma pessoa, menos dinheiro ela vai ganhar. Os bons alunos raramente enriquecem. Por outro lado, os que não são tão bons na escola, mas sabem aproveitar a vida e adquirem experiência no mundo, tendem a ganhar dinheiro quando adultos. Pode parecer esquisito, mas os alunos que não se preocupam tanto com o estudo, preferindo as atividades extracurriculares, um trabalho de meio período ou as viagens internacionais, são bem-sucedidos quando saem para o mundo; progridem rapidamente ou ganham dinheiro de modos não convencionais.

Já os que se dedicam a estudar geralmente tornam-se acadêmicos ou funcionários públicos, de modo que suas oportunidades de ganhar dinheiro são limitadas. Por exemplo, os servidores públicos são pagos com os impostos arrecadados, portanto seus vencimentos permanecem baixos. Se ganhassem mais do que quem trabalha no setor privado, os contribuintes reclamariam da carga tributária, por isso os vencimentos do funcionalismo público são fixados em patamares mais baixos. Isso faz com que eles estejam sempre às voltas com um salário baixo.

No Japão das últimas décadas, se compararmos os salários dos que se formaram nas melhores universidades e ingressaram no serviço público com os de quem trabalha na indústria privada, veremos que o primeiro grupo recebe aproximadamente a metade do que recebe o segundo. Mesmo tendo sido melhores alunos, os mais instruídos ganham apenas a metade, embora a situação tenha se alterado um pouco com a recente recessão deflacionária no país.

O caso dos professores universitários é pior ainda. Tomemos como exemplo o que acontece no meu país. Os funcionários públicos japoneses recebem, mais ou menos, a metade do que receberiam na iniciativa privada. Quem foi ótimo aluno e ingressou na vida acadêmica ganha apenas um terço, quando muito, da remuneração do setor privado. E se queixará: "Enquanto essa gente se divertia, eu me dedicava aos estudos e, depois de graduado, ainda fiz cursos de pós-graduação. No entanto, agora recebo apenas um terço do que eles ganham". É provável que os funcionários públicos e os acadêmicos lamentem essa injustiça, mas a verdade é que eles trabalham menos do que os empregados do setor privado, de modo que é justo que ganhem menos.

Até certo ponto, é verdade que, nas universidades japonesas, os professores só precisam estudar e passar por uma série de exames para ter o resto de sua vida assegurado, ao passo que os que trabalham no setor privado são testados diariamente. É a mesma coisa que ter de prestar exame todos os dias ou todas as semanas; é uma situação bem diferente em relação a quem passa por um único teste e fica com o futuro garantido até o fim da vida. Muito mais difícil é a existência de quem é testado diariamente.

Nesse contexto, por melhores que sejam os salários, é muito mais difícil viver sendo testado diariamente do que prestar um único exame ou escrever uma única tese e, então, desfrutar dez anos de renda garantida. No Japão, um professor universitário não precisa escrever uma tese nova nem de dez em dez anos. Um dos meus professores, na faculdade, produziu apenas um livro em dezessete anos. Alguns só publicam suas aulas quando estão prestes a se aposentar, pois, se as publicarem antes disso, não têm o que ensinar. Outros guardam em segredo as suas fichas e anotações e repetem a mesma matéria ano após ano. Não têm nada de novo a dizer, de modo que, para eles, publicar um livro seria o fim da carreira. Passam trinta anos repetindo a mesma aula e, pouco antes de se aposentar, finalmente publicam um livro. Para ser franco, essas pessoas são preguiçosas e não merecem ganhar mais.

Quem trabalha na iniciativa privada tem de se aplicar assiduamente, vive competindo com os outros e, ao mesmo tempo, precisa progredir rapidamente em pesquisa e desenvolvimento. Por essa razão, não é necessariamente verdade que os que carecem de formação acadêmica estão fadados ao fracasso e que os bons nos estudos sempre têm sucesso. Hoje em dia, o sistema universitário cria uma pirâmide, e a maioria esmagadora das pessoas pode ser considerada um fracasso acadêmico, não um sucesso. A julgar só pelo resultado dos exames, 70 ou 80 por cento da população merece ser classificada como derrotada. Tomando-se isso como uma medida de felicidade, seria forçoso dizer que a maioria é infeliz, mas não é bem assim na vida real.

O desempenho acadêmico ou o sucesso nos exames é apenas um critério de avaliação da capacidade. Se você continuar se esforçando a partir do que já conseguiu, estará no caminho do sucesso, mas, se preferir dormir sobre os louros conquistados, terá decretado o fim do seu progresso e não realizará muito. No fim, quem mais trabalha e mais se esforça é que acaba alcançando o sucesso. Por isso não convém dar caráter absoluto ao desempenho ou às qualificações acadêmicas. É preciso levar em conta que aqueles que se saem bem na faculdade estão sujeitos a enfrentar dificuldades depois. É provável que o fato de saber disso tranquilize os que foram reprovados nos exames.

Quem era muito estudioso na escola não consegue entender como é possível que os colegas que passavam o tempo todo brincando e se divertindo sejam bem-sucedidos e prósperos no trabalho, e isso pode levá-los a sentir angústia. Entretanto, os que se divertiram no tempo de escola atualmente trabalham em áreas não abrangidas pelas provas acadêmicas e estão sendo recompensados por uma capacidade que nenhum teste é capaz de avaliar.

Quanto a isso, pode-se dizer que Deus é justo — quando Ele dá um talento a uma pessoa, não a provê com outros talentos. Se você se sentir fraco numa área, verá que é bem dotado em outra. Nem sempre se sabe que tipo de talento cada um tem, mas é certo que todos possuem um.

Não acredite que a inteligência seja obra do destino

Muitos tendem a acreditar que a inteligência é um dom inato. De fato, mesmo nos bebês, são evidentes as diferenças entre os mais lentos, os ativos e os perspicazes. O mesmo se verifica nas crianças que estão cursando o ensino fundamental e o médio. Por esse motivo, seria um erro dizer que a hereditariedade nada tem a ver com a inteligência. De fato, temos de admitir que essa correlação existe.

Não obstante, quando a pessoa morre e recebe uma "pontuação" pela existência que teve, a avaliação se baseia no que ela fez depois de nascer. O que realizou antes e as qualidades herdadas não contam. Cada qual tem um ponto de partida diferente, mas a avaliação se baseia na distância percorrida no curso da vida. É inevitável que o ponto de partida de cada um seja diferente, pois há diferenças individuais. Mas o que é avaliado na vida é quanto cada um se esforçou dentro das suas condições. É importante ver a vida dessa maneira.

Depois do nascimento, exige-se de cada pessoa um grande esforço, e a lei de causa e efeito consiste justamente em avaliar a intensidade desse esforço. Aliás, essa lei tem uma grande afinidade com os estudos acadêmicos, pois, em geral, na área acadêmica, quanto mais nos esforçamos melhor são os resultados.

As pessoas podem lamentar a sua falta de capacidade inata ou deplorar a primeira metade ou o primeiro terço da vida, pois as avaliações acadêmicas se completam por volta dos 20 anos de idade. Para falar com toda franqueza, este mundo é um lugar altamente competitivo e, se analisarmos somente sob a ótica do ganhar ou perder, há mais perdedores do que vencedores.

Todavia, é importante perceber que, se você se rotular de fracassado e não fizer nada para mudar isso, toda a sua vida haverá de ser triste e infeliz.

Pensando na capacidade inata, de fato o ponto de partida não é igual para todos; entretanto, lembre-se de que, no cômputo final, o que importa é o índice de crescimento, ou seja, o quanto você conseguiu crescer, o quanto você se empenhou. Tudo o que vem antes disso está relacionado com a sua vida anterior e nada tem a ver com a atual. Você será avaliado exclusivamente pelo esforço que fez nesta vida. Convém ter sempre em mente essa perspectiva.

Outra coisa que não se deve esquecer é que "o esforço suplanta o gênio". Não há como vencer quem se esforça. Mesmo uma pessoa reconhecidamente inteligente descobre que, se passar um ano sem estudar, acaba ficando igual a qualquer outra. Nada mais simples. Embora seja difícil se tornar uma pessoa competente, é muito fácil regredir. Isso nada tem a ver com inteligência inata ou destino.Certas crianças são admitidas nos melhores colégios, mas se sentem incapazes de acompanhar o curso e, pouco a pouco, se desinteressam. Juntam-se a alunos delinquentes e causam sofrimento aos pais. Isso não é resultado do destino ou da inteligência do indivíduo; antes, deve-se aos seus valores, ao seu modo de sentir e pensar sobre as coisas. Portanto, não acredite que a inteligência seja predeterminada pelo destino.

Ademais, também é preciso entender que inteligência não é necessariamente a mesma coisa no contexto acadêmico e no mundo profissional. Nos negócios, a inteligência se reduz à compreensão das leis do sucesso. E isso ninguém aprende na escola. Nem no ciclo básico, nem no médio, nem na universidade. O que se obtém na escola é um bom alicerce sobre o qual construir, mas a pessoa só aprende as leis do sucesso por meio da própria experiência.

Os que conseguem dominar essas leis são considerados "inteligentes" neste mundo, enquanto os que acumularam estudo superficial apenas para tirar boas notas nas provas infelizmente buscaram apenas as aparências e não conseguiram dominar as leis do sucesso. Deixaram de aprender as leis do sucesso que podiam ter descoberto pelo estudo.

Você pode ser vencedor na batalha consigo mesmo
Neste mundo, muitos lastimam não ser inteligentes como os outros. Enquanto insistirem em se comparar com os demais, não serão vencedores. Ninguém consegue ser um vencedor se o único critério de avaliação for a comparação com os demais. Em vez disso, devemos ver a questão da inteligência como um problema interior de cada um e, ao examinar como éramos ao nascer, verificamos até que ponto conseguimos evoluir. O parâmetro deve ser, portanto, o índice de crescimento.

Nessa batalha consigo mesmo, a batalha absoluta, todos têm a possibilidade de ser vitoriosos. É preciso poder dizer: "Considerando a capacidade inata ou a inteligência da época nas escolas primárias e secundárias, estou convicto de que venci e com muita garra". Na batalha consigo, é sempre possível vencer, ao passo que, nos embates com os outros, às vezes é dificílimo chegar à vitória final. Mesmo que certas pessoas pareçam ter triunfado num ponto particular da vida, se mais tarde você olhar o resultado final, pode ficar evidente que elas não triunfaram na batalha da vida.

Observamos que alguns alunos de excelente desempenho acadêmico, uma vez graduados, são admitidos no ministério das finanças e acabam se suicidando. No Japão, isso acontece com muita frequência. Anualmente, são admitidos cerca de vinte funcionários em cargos de elite e, dentre eles, em média, 10 por cento se suicidam. O índice de divórcios é também igualmente alto. Portanto, excetuando alguns casos, é difícil dizer se essas pessoas podem ser consideradas bem-sucedidas.

Um dos motivos que os levam ao suicídio é o fato de superestimarem a própria capacidade. Sentem que podiam ter um desempenho melhor do que demonstram, mas, na realidade, não conseguem chegar a tanto e por isso sofrem.

"O fulano vai ser diretor e eu não vou conseguir passar de gerente", "Tenho chance de ser nomeado diretor, mas o outro deve assumir a secretaria". Assim, eles sofrem, sentem-se angustiados e acabam se matando. Outros fracassam na área dos relacionamentos pessoais. Por mais tolo e absurdo que pareça, o mundo em que essas pessoas vivem é tão restrito que a luta pela primazia pode levar o perdedor a preferir a morte. Isso ocorre porque elas têm uma visão de mundo muito estreita e porque vivem num mundo minúsculo. Elas avaliam a vitória ou derrota na vida em função de um mundo extremamente pequeno.

Por uma ironia da vida, esses são efeitos colaterais do sucesso acadêmico.

Isso prova que, se você viver a vida com base na competição, jamais conseguirá a vitória final. No fim, a luta é consigo mesmo.

Certamente, existem diferenças inatas no grau de inteligência entre uma pessoa e outra. Seria um erro não admiti-las. Entretanto, veja o avanço conseguido em relação ao ponto de partida. Não há fracassos nem derrotas para quem sabe apreciar a alegria do seu progresso.

Quem sabe de antemão não fracassa

Um dos aspectos da inteligência está no desempenho acadêmico e o segundo, bastante distinto do primeiro, consiste em conhecer ou não as leis de sucesso deste mundo, em saber identificar o que leva ao sucesso ou ao fracasso. Isso não se aprende com os outros. Por envolver problemas pragmáticos de cada um, não há como generalizar e dizer: "Se você fizer isso, terá sucesso; se fizer aquilo, fracassará". Nem mesmo um vidente pode ajudá-lo nisso.

Contudo, podemos simplificar e afirmar: "Quem sabe de antemão não fracassa". Essa verdade deve ser memorizada. O ser humano dificilmente fracassa quando está fazendo algo que conhece bem. No entanto, o mundo está cheio de coisas que não conhecemos, experiências que os outros já viveram, mas que desconhecemos, coisas que os mais vividos já sabiam, mas que se trata de uma nova experiência para nós.

Diante do desconhecido, o seu índice de sucesso é de cerca de 50 por cento. Não há como saber se você vai ser bem-sucedido ou não. Contudo, diante de algo conhecido, a sua proporção de êxito já não será de 50 por cento; é mais provável que seja de 100 por cento ou pelo menos de mais de 90 por cento. É fácil vencer quando sabemos de antemão: "Isto vai dar nisso ou naquilo".

É como os movimentos de um jogo de xadrez. Se você tiver o domínio de jogadas ensaiadas, consegue ganhar. E mais ainda, se o adversário não as conhece, a vitória está garantida. Porém, se o seu adversário também souber, será mais difícil vencer. A vida se parece muito com um jogo de xadrez; em geral, nós dificilmente fracassamos nos campos que conhecemos.

No que se refere às experiências de vida ou às questões de vencer ou perder, as pessoas, em sua maioria, não passam de amadoras. Poucas são as que se dedicam a pesquisá-las profundamente. As que dominam esse assunto não fracassam, mas, mais de 90 por cento das pessoas são amadoras e, por esse motivo, tendem a fracassar nos empreendimentos em que se aventuram pela primeira vez. Assim, é importante ter conhecimento prévio das coisas.

Talvez você se pergunte como isso pode ser possível, mas há muitas maneiras. Em primeiro lugar, há a leitura. Naturalmente, também se pode colher informações assistindo à televisão ou indo ao cinema, estudando romances ou ouvindo o que os outros dizem; enfim, há diversos modos. Primeiro, pegue a questão que o está afligindo e procure as informações necessárias para fundamentar suas decisões. Se as obtiver, não cometerá erros.

Particularmente no caso de pessoas que tiveram bom desempenho acadêmico, mas são malsucedidas na vida, a maioria delas carece de conhecimento sobre as maldades da vida. Esse tema não faz parte de nenhum currículo escolar, de modo que aqueles que se dedicaram inteiramente aos estudos acadêmicos não entendem os perigos que podem vir a enfrentar. Não sabem que: "Neste mundo, se você fizer isso, fracassará", "No mundo existem pessoas que pensam assim, e elas podem fazer com que você fracasse", "Uma armadilha o espera se você não tomar cuidado". As instituições de ensino não transmitem o conhecimento dos aspectos sombrios da existência, da dor, dos infortúnios ou das desilusões da vida.

Alguns têm a sorte de encontrar o caminho do sucesso e trilhá-lo sem jamais correr esse tipo de perigo; outros, porém, são obrigados a enfrentar o mal que faz parte da vida. Quem tiver conhecimento antecipado dessas coisas contará com uma vantagem considerável. Por isso, é importante saber o que certas pessoas fazem em determinadas situações ou como se comportam num conjunto particular de circunstâncias.

Se, por exemplo, houver dinheiro envolvido e você trabalhar num banco, é importante saber o que acontecerá se emprestar dinheiro a pessoas de determinado perfil. Essa é uma espécie de lei que rege uma área específica e é preciso conhecê-la.

Existem algumas características que são típicas de empresas que vão à falência: "Esta empresa vai falir por causa disso, disso e disso. A vida particular do diretor-presidente está bastante conturbada, pois ele está envolvido nisso e naquilo. Na maioria das vezes, as empresas presididas por pessoas desse tipo vão à falência, mesmo se conseguir o empréstimo". Quem tem esse tipo de conhecimento não fracassa e quem não conhece acaba concedendo o empréstimo e aumentando a lista dos devedores duvidosos. No final, esse tipo de decisão prejudica a carreira profissional da pessoa.

Enfim, é necessário conhecer os vários aspectos da vida. E quanto a isso, é possível que a leitura não lhe dê conhecimento suficiente; você terá de conversar com as pessoas e assimilar suas experiências para compreender os diferentes aspectos da vida. É preciso conhecer também as vicissitudes da vida.

Quem almeja o bem deve entender também o mal. Quem tem força para combater o mal também tem força para fazer o bem. A ignorância permite que o mal prolifere. Se você souber e for capaz de detectar o mal, ele nunca se manifestará.

Neste mundo, há quem tente enganar e ludibriar os outros. E, ainda que sem intenção, quando se veem em certas situações, as pessoas podem também recorrer a isso. É preciso estudar cuidadosamente esse tema; é um modo de evitar o fracasso e ter uma vida feliz.

Há os que cometem tais maldades; por outro lado, impedi-los também é uma maneira de realizar o bem. É comum os bondosos serem enganados e fracassarem. Se com isso houver a proliferação do mal, os bondosos vão deixar de sê-lo, uma vez que terão sido cúmplices dos malfeitores por permitir a expansão do mal.

Portanto, é preciso ampliar a sua área de interesse e observar bem as maldades da vida, e as causas da degeneração, do fracasso e dos reveses da vida.

A experiência pessoal tem seus limites, mas, se você observar detidamente os seus amigos, pais, irmãos, parentes e conhecidos, terá muito o que estudar. Observe bem por que as pessoas erram, o que as leva a tomar o mau caminho, a se contaminar pelo mal. Se você ficar de olhos abertos, não lhe faltará material de estudo.

"Saber é poder", pois quem sabe não tropeça e quem não sabe é derrubado no primeiro golpe. Vale a pena pesquisar.

Eu disse que não é necessário se lamentar pela falta de inteligência e, por outro lado, falei da importância de se esforçar para aprender diversos aspectos da vida. Em suma, se você tem tempo para se queixar da falta de inteligência, empenhe-se em coletar informações, pesquisar e assim tomar decisões corretas. Esse também é um caminho para a felicidade.

Na gestão de uma empresa, os resultados sempre dependem de quem é responsável pela administração. Dependendo de quem é o presidente, a empresa pode falir. Caso o presidente mude, essa mesma empresa pode sair do vermelho. Em geral, alguém que leva a empresa à falência não sabe da sua causa e avança inadvertidamente. Age assim porque não aprendeu o suficiente com a experiência ou o conhecimento dos outros.

Em vez de se preocupar com o seu passado ou com as aptidões com as quais você devia ter nascido ou não, é melhor trabalhar com otimismo e dedicação para abrir caminho rumo ao sucesso.

4. A reflexão expulsa os maus espíritos —
O Princípio da Reflexão

Mais da metade das pessoas da atualidade estão sob as influências de maus espíritos

O terceiro caminho que eu gostaria de apresentar é a reflexão, que tem o poder de expulsar os maus espíritos. Trata-se de algo

OS QUATRO PRINCÍPIOS QUE TRAZEM A FELICIDADE

que as pessoas que nada sabem das questões espirituais acham difícil de acreditar, mas é verdade.

Eu iniciei este capítulo explicando que quem sofre de carência afetiva deve dar amor ao próximo para conquistar a felicidade. Depois, abordei o princípio do conhecimento, dizendo que, quem tem tempo para lamentar a falta de inteligência deve usar esse tempo para estudar e que deve vencer na vida adquirindo conhecimentos. A pessoa pode aplicar esses dois métodos sozinha e sem a ajuda de ninguém. São caminhos a serem trilhados por conta própria, tais como o caminho da Iluminação. Iluminação é algo que você decide buscar; a viagem tem início em você próprio, e o mesmo pode ser dito a respeito da reflexão.

Entre as causas do fracasso na vida figuram as perturbações espirituais provocadas pelos maus espíritos. Em geral, aqueles que em vida não acreditam no céu ou no inferno ou, quando acreditam, se deixam orientar por religiões equivocadas têm dificuldade para retornar ao céu após a morte. Alguns chegam a tomar o rumo do inferno, mas normalmente tentam de todas as maneiras permanecer neste mundo. Quem não acredita em um mundo após a morte ou, mesmo acreditando, é incapaz de retornar ao céu tem um forte desejo de ficar neste mundo, pois, na verdade, não quer morrer.

Essas pessoas só têm duas maneiras de continuar neste mundo: tomando posse de uma pessoa ou de um lugar. Tão grande é o apego deles por este mundo material tridimensional que resistem a abandoná-lo. Quando alguém é possuído por um espírito desse tipo, a sua vida tende a piorar muito. Embora não convenha intimidar ou amedrontar desnecessariamente as pessoas falando em "espíritos" e "maldições", as obsessões espirituais são um fato da vida.

Não posso ser preciso, pois não há estatísticas reais, mas não está longe da verdade afirmar que mais da metade dos que vivem na sociedade moderna estão, até certo ponto, sob influências espirituais negativas. Em muitos casos, a pessoa é influenciada até mesmo por mais de um espírito.

Quando a pessoa que sofre a obsessão passa a ter uma consciência muito parecida com a do espírito obsessor, a adotar os mesmos valores, a mesma postura na vida, os mesmos padrões de comportamento, fica difícil distinguir quem está no controle. Ela desenvolve os mesmos hábitos do espírito, apresenta o mesmo comportamento e, no fim, toma inclusive o mesmo caminho da ruína. É assustador observar com que frequência isso acontece.

Por esse motivo, quando a pessoa se agride a ponto de provocar a própria morte, às vezes é possível que outro membro da família ou um parente venha a cometer exatamente o mesmo tipo de erro se não tomar cuidado. Isso nada tem a ver com sina ou destino; trata-se da influência do espírito que não voltou para o céu, e é necessário ter consciência disso. Portanto, se as tendências do seu coração forem tão semelhantes às desses espíritos a ponto de vocês entrarem em sintonia, esforce-se para corrigi-las.

O sinal mais evidente de que alguém está sofrendo uma obsessão são as grandes oscilações no estado de espírito; em particular, a pessoa passa a se enfurecer com muita facilidade, a ter acessos de cólera. Quando ela está possuída, sua visão de mundo muda diametralmente e ocorre a inversão de valores. Anteriormente eu falei na mudança do amor possessivo para o amor altruísta, mas a pessoa possuída perde totalmente o desejo de dar.

Quem recebe uma influência espiritual negativa sofre constantemente, tem mania de perseguição e não para de se queixar das pessoas e do ambiente. Passa a adotar uma visão de vida ao estilo do partido oposicionista, opõe-se a tudo e está sempre pronto para criticar os que são felizes e estão bem, mas nada faz para ajudar os demais ou a si mesmo. Só repara nos pontos negativos dos outros e acredita que todos são seus inimigos. Depois, a pessoa começa a sentir, cada vez mais, que já não é ela mesma, que já não tem mais domínio sobre si, que está sob o controle de alguma força externa e descobre que a sua vida oscila de um extremo a outro. Se começar a sofrer de insônia ou desenvolver o hábito de beber até a embriaguez, será incapaz de se libertar desse tipo de mau espírito.

A arma mais simples para combater os maus espíritos é a reflexão

Um instrumento importante para evitar a obsessão espiritual é a razão. É crucial ter um firme domínio da razão. Estando espiritualmente possuída, a pessoa sofrerá violentas oscilações emocionais. Se isso acontecer, primeiramente, ela precisa manter as boas condições físicas, tratando de dormir bem e cuidando da saúde.

Embora seja vital manter as boas condições físicas, pode-se recorrer a outras armas no combate aos maus espíritos. A mais simples delas é a reflexão. Se você estiver sob influências espirituais negativas, não culpe unicamente os espíritos que o estão afetando. Se vem sendo obsediado há algum tempo, é porque você mesmo tem alguma tendência que se sintoniza com eles.

Aliás, você não está lutando contra maus espíritos, e sim envolvido numa batalha com o seu próprio "mal interior".

Tal como na história de Sakyamuni Buda, quando ele alcançou a Iluminação combatendo os demônios, se o mal o está atacando por todos os lados, é porque alguma coisa de dentro de você o atrai. Quando há dúvidas, como no filme A Última Tentação de Cristo, o mal se aproveita dessa brecha para invadir sorrateiramente o seu coração.

Se eliminar as fraquezas do seu coração, o mal não mais conseguirá se manter e se desgarrará de você subitamente. Quando os maus espíritos vêm, eles se fixam como um plugue na tomada. Assim, a fadiga e a aflição que a pessoa sente se multiplicam. Não há nada que esses espíritos gostem mais do que a aflição e o sofrimento de seu hospedeiro. Eles pensam: "Vamos fazê-lo sofrer mais", "Vamos enlouquecê-lo para que ele se mate" ou "Vamos dar um jeito de destruir a vida dele". É assim que eles fazem mal.

Com frequência, os lugares famosos pelo elevado número de suicídios são habitados por esse tipo de espíritos. Quando uma pessoa que tem as mesmas aflições e problemas visita a região, o mau espírito pode entrar no coração dela. Então, ela passa a agir como esse espírito e acaba se suicidando da mesma maneira que ele se suicidou. Torna-se vítima de um espírito apegado ao local. Por essa razão, recomenda-se não frequentar lugares onde muitas pessoas se mataram. Não é uma boa ideia arriscar-se a visitar lugares assim; o melhor é ficar longe deles.

Você pode ser afetado por um espírito ligado a determinado lugar ou com o qual teve algum tipo de relacionamento quando ele ainda era vivo. Embora os espíritos com os quais você se relacionava tenham mais facilidade para se aproximar, os demais espíritos também podem assediar você quando há uma sintonia entre as vibrações, ou seja, vocês têm o mesmo comprimento de onda. O conceito de distância não existe no mundo espiritual; portanto, se estiver no mesmo comprimento de onda deles, você os atrairá, estejam eles onde estiverem. Se sentir o coração sintonizado com o inferno, primeiro faça você mesmo o que estiver ao seu alcance. Nessa situação, a reflexão lhe servirá de arma.

Os maus espíritos são atraídos pelo seu apego

Uma coisa para a qual a doutrina budista insiste em chamar a atenção é o "apego", a causa principal das obsessões espirituais. As pessoas têm a tendência de se apegar às coisas enraizadas no mundo tridimensional. Aquele que se apega a algo deste mundo dizendo: "Eu quero isto, eu quero aquilo" está, na verdade, criando uma fonte de aflições. Na maior parte dos casos, o apego é a fonte emissora das vibrações que atraem os maus espíritos.

Para quem tem consciência do seu próprio apego, a saída é fácil. Mas, se você não tiver, pergunte a si mesmo no que é que você mais pensa durante o dia, quando está ocioso, sem se concentrar particularmente em nada. Se houver algo a que você sempre retorna, no qual pensa repetidamente, algo que insiste em lhe vir à mente, trata-se de um apego. É algo que ocupa uma boa parte do seu coração.

Esse apego pode ser alguma coisa que ocorreu no passado. Talvez você se dê conta de que vive pensando nas agressões que sofreu de seu pai ou de sua mãe na infância, num amor do passado do qual teve de se separar, num conflito que teve com um dos seus superiores no trabalho ou simplesmente nos seus filhos. Caso você perceba que tem pensado muito e reiteradamente na mesma coisa, não apenas durante um dia, mas todos os dias, então trata-se de um apego. Naturalmente, pode haver apegos capazes de impulsioná-lo a realizar um ideal, mas se você acha que esse é o seu caso, procure certificar-se de que se trata realmente de um ideal, não de algo que venha a se transformar numa fonte de sofrimento. É justamente dos apegos causadores de aflições que os maus espíritos se servem para se plugar nas pessoas. Sem dúvida, é pelos apegos que eles se infiltram, de modo que é preciso erradicá-los.

Como erradicar os apegos

Pois bem, o que fazer para erradicar os apegos? Como eu mencionei acima, um método consiste em mudar de atitude, substituindo o sentimento possessivo pelo espírito altruísta. Se você vive se achando um tolo e cultivando um profundo sentimento de inferioridade, mude radicalmente esse modo de pensar e diga a si mesmo: "Em vez de perder tempo se preocupando, é melhor estudar". Essa é outra técnica.

Você pode dizer a si mesmo: "Tudo é passageiro; as coisas tridimensionais pertencem unicamente ao mundo da terceira dimensão, o qual um dia eu vou abandonar. No final, a única coisa que realmente conta é o triunfo da alma". Eis um modo de vencer. Diga para si mesmo o seguinte: "Enfim, a única coisa que existe é a vitória da alma. A derrota neste mundo não significa derrota na vida. Pouco importa o que dizem os outros, o que diz a sociedade, o que dizem meus pais e meus irmãos; o que eles dizem não passa de opiniões deste mundo e nada têm a ver com a vitória ou a derrota final na vida. O desafio supremo na vida consiste em saber se a alma triunfará ou não". Assim, meditando sobre como alcançar a vitória na vida, na perspectiva do reino além deste mundo tridimensional, é possível erradicar os apegos. E, estando livre dos apegos, você consegue educar até mesmo os maus espíritos.

Se estiver sob possessão espiritual, você avaliará muito mal as outras pessoas e falará mal delas com frequência. A maledicência escapará de sua boca em torrentes. Caso você esteja se comportando desse modo, pergunte-se se quem diz essas coisas é você mesmo ou algum espírito que o está possuindo. Se esse tipo de agressão tiver se tornado habitual, na maioria das vezes significa que você está sob a influência de um espírito do Reino de Asura ou Inferno da Violência.

Nesse caso, pode se tratar também de uma obsessão espiritual indireta, um espírito obsessor herdado da sua família. Por exemplo, se a sua esposa, o seu marido ou um dos seus pais emite vibrações extremamente agressivas e não para de se envolver em brigas, é possível que dentro da sua família exista um espírito obsessor, que pode sair dessa pessoa e se transferir para você. É preciso ficar alerta. Tenha cuidado para não se enfurecer facilmente nem passar o tempo todo reclamando. Geralmente, as pessoas que reclamam constantemente ou se deixam levar facilmente pela cólera estão possuídas por maus espíritos em consequência da insatisfação com as condições de vida ou de uma frustração.

Caso isso se aplique a você, mude o seu modo de pensar e passe da atitude de cobrar amor para a de dar amor. Pare de querer ser reconhecido e de cobrar dos outros; antes, pense no que você pode lhes dar ou fazer por eles. Se estiver às voltas com algo impossível de resolver com os seus próprios recursos, não se estresse. Procure se convencer de que "as coisas deste mundo são mundanas" e não se prenda às coisas passageiras. Viva com um coração puro e siga em frente sem apegos, como um rio que corre em seu leito.

É muito melhor pensar que o que passou, passou; que é impossível mudar o que já aconteceu. No entanto, o futuro pode ser alterado, e é nisso que você deve se concentrar. Pode lamentar o que sucedeu no passado, mas, uma vez concluída a reflexão a respeito dos erros cometidos, não se concentre excessivamente no que nem a reflexão pode mudar. Não vale a pena ampliar o problema. Viva esta existência o mais plenamente possível e busque nela as lições capazes de ajudá-lo a melhorar a sua vida nas encarnações futuras.

Quando um espírito obsessor é afastado mediante a prática de reflexão, você o sente desprender-se como o papel que se descola da parede. Muito embora o espírito não tenha peso próprio, quando está possuída a pessoa sente o corpo muito pesado e em péssima forma. É como viajar num trem lotado na hora do rush num dia de chuva; a atmosfera é deprimente, você se sente cansado e não tem motivação para nada — é assim que as pessoas ficam quando estão possuídas.

No entanto, uma vez eliminada essa possessão, seu rosto fica ligeiramente mais corado. Enquanto estiver obsediado, seu rosto há de ser pálido e sombrio, por vezes chegando a apresentar a própria sombra da morte, mas, com a desobsessão isso passa, e você volta a corar de leve. Isso acontece porque a luz penetra no seu corpo e rapidamente este se aquece, a sua circulação melhora e você sente um calor agradável no corpo. Seu corpo também fica maravilhosamente leve. Carregar nas costas

OS QUATRO PRINCÍPIOS QUE TRAZEM A FELICIDADE   105

a infelicidade de um, dois ou até mesmo três espíritos é algo pesado. Os seres humanos são essencialmente espirituais, de modo que, quando se livra de um espírito obsessor, a sensação que a pessoa tem é de alívio.

Não obstante, é importante saber que, mesmo que consiga afastar um mau espírito, se você continuar a cultivar as mesmas aflições, ele retornará. Por isso, depois que conseguir afastar um espírito obsessor, é importante empenhar-se para ter uma atitude positiva na vida. É preciso esforçar-se para que as suas vibrações não entrem em sintonia com as dos maus espíritos.

Obsessão espiritual nada tem a ver com inteligência

O fato de estar ou não possuído por um mau espírito não tem nada a ver com a inteligência da pessoa. Há quem pense que os maus espíritos se apoderam mais dos tolos do que dos inteligentes, mas isso não é verdade. Basicamente, isso tem a ver com o caráter da pessoa, do seu tipo de personalidade. Tais espíritos têm dificuldade para influenciar uma pessoa de bom caráter e facilidade para possuir uma de mau caráter.

Certa vez, li acerca de uma mesa-redonda realizada entre burocratas que trabalhavam num ministério japonês. Três deles estavam participando da discussão e todos estavam sob a influência do Reino de Asura, o Inferno da Violência. Ao ler o livro, eu senti um súbito mal-estar e passei metade do dia sem conseguir trabalhar. Trabalhando atribuladamente no ministério, certamente eles devem ter sido obsediados por maus espíritos. Se entrassem numa sala, toda a atmosfera ficaria deprimente e as pessoas que estivessem presentes se sentiriam pesadas, como se tivessem algo grudado no corpo. Portanto, a inteligência nada tem a ver com a obsessão espiritual.

As pessoas que vivem muito iradas ou são agressivas podem ser completamente dominadas pelos espíritos do Inferno da Violência. Quando isso acontece, das duas uma: ou elas se suicidam ou, sendo mais fortes, passam a agredir os que as cercam.

O fato de a pessoa estar sob a influência espiritual, seja de um mau espírito ou de um espírito guardião, nada tem a ver com a inteligência mundana. É principalmente o seu caráter que importa. Em outras palavras, tudo depende da estabilidade emocional e da estabilidade na filosofia de vida. É um equívoco pensar que os tolos podem ser possuídos por maus espíritos, ao passo que os inteligentes ficam sob a influência dos espíritos superiores. O único fator determinante é o caráter do indivíduo.

Também é importante observar que a inteligência tampouco tem a ver com as aflições. Estas acontecem às pessoas, sejam elas inteligentes ou não, e isso é particularmente verdadeiro quando se trata de problemas sentimentais. Por exemplo, dizem que a inteligência é irrelevante quando se trata dos problemas que surgem entre homens e mulheres; estes ocorrem independentemente do QI das pessoas envolvidas, seja ele 100 ou 200.

Com frequência, as pessoas com problemas emocionais estão sujeitas a obsessões espirituais, portanto fique atento. Embora isso dependa, em grande medida, do caráter inato de cada um, é preciso que a pessoa se observe objetivamente e mantenha o controle do coração.

O que eu acabo de discutir é o Princípio da Reflexão. Trata-se de um caminho para a Iluminação no qual você se empenha para alcançar a felicidade, apartando-se de qualquer perturbação espiritual por meio da sua própria força subjetiva. O ponto de partida é sempre você mesmo.

5. Os pensamentos se concretizam —
O Princípio do Desenvolvimento

Tanto os bons quanto os maus pensamentos acabam se concretizando

O quarto tema que eu quero discutir é "Os pensamentos se concretizam". Trata-se do ensinamento denominado Princípio do Desenvolvimento, que pode ser explicado de diversas maneiras, dependendo do estágio espiritual em que a pessoa se encontra. O modo de esclarecê-lo não é fácil, pois ele varia de acordo com a situação de cada um.

O Princípio do Desenvolvimento se fundamenta essencialmente no conhecimento de que o homem é um ser espiritual e de que o mundo dos espíritos é o mundo do pensamento, o lugar onde os pensamentos se concretizam. Os que perfilham pensamentos infernais estão reunidos em grande número no outro mundo, manifestando de fato um verdadeiro inferno. No reino do inferno, os espíritos atormentam uns aos outros num mundo de aflição e dor, de verdadeiro sadomasoquismo. Por outro lado, todos os espíritos do mundo celestial vivem de maneira solidária. O outro mundo é o reino em que os pensamentos se realizam, é o mundo real. Isso significa que os pensamentos são a verdadeira essência do ser humano, sendo o corpo um mero veículo ou um meio de manifestá-los. É importante você começar a pensar assim.

Neste que é o mundo da matéria, os pensamentos demoram certo tempo para se concretizar. Se quisermos viajar de um lugar a outro, temos de fazê-lo de automóvel, e, de modo semelhante, somos obrigados a usar diversos materiais ou objetos para que os pensamentos se realizem. No mundo espiritual, se quiséssemos nos deslocar de um lugar para outro, bastaria pensar nele para ali estarmos instantaneamente. É bem verdade que "um pensamento leva a três mil mundos", como ensinou o filósofo budista chinês T'ien-t'ai Chih-i (538-597).* Basta que pensemos num lugar para sermos transportados para lá, seja no céu ou no inferno. Chega a assustar o fato de não existir tempo nem distância no outro mundo.

Se eu olhar para a fotografia de uma pessoa já falecida, entro em sintonia com o seu espírito em um segundo. Independentemente de onde ela esteja, no céu ou no inferno, posso localizá-la quase instantaneamente. Por esse motivo, se você pensar nos seres espirituais, é melhor concentrar o interesse naqueles que retornaram aos reinos superiores; se tais espíritos se aproximarem, podem ajudá-lo com inspirações espirituais. Todavia, se você tiver demasiado interesse pelos espíritos que habitam o inferno e com eles entrar em sintonia, eles não o deixarão facilmente e você passará momentos muito desagradáveis. É fundamental não ter interesse por eles. Esses mundos existem de fato.

As pessoas, mesmo no mundo terreno, realizam seus pensamentos. Sejam bons ou ruins, os pensamentos se concretizam. Isso se deve ao mesmo motivo pelo qual existe o céu e o inferno. Pensamentos bons, pensamentos maus, todo tipo de pensamento se realiza. Por exemplo, se uma pessoa tem o forte desejo de matar alguém, é possível que ela acabe fazendo isso,

---

* Cf. *As Leis do Sol*, pp. 78-81.

e, mesmo que não concretize o ato, é possível que se envolva num crime e acabe sendo assassinada. Ou seja, os pensamentos negativos sempre levam a resultados negativos.

Se todos desejarem fervorosamente fazer os outros felizes, o resultado será o estabelecimento do mundo celestial na Terra. Se houver um grande número de pessoas com esse pensamento, o céu se manifestará. Entretanto, se todos desejarem a desgraça alheia, o mundo será um inferno. Assim é o mundo. Bom ou mau, o pensamento sempre acaba se manifestando. Essa é a verdade do mundo espiritual.

Neste mundo, os elementos tridimensionais às vezes obstruem e enfraquecem a realização dos pensamentos. Também é possível que outras pessoas se interponham no caminho, de maneira que os nossos pensamentos nem sempre se realizam de modo direto e contínuo. Mas, a longo prazo, num período de dez, vinte ou trinta anos, os pensamentos sempre se realizam, tal como um fluxo de lava que vai se solidificando progressivamente. Pode haver pequenas diferenças quanto ao grau ou à intensidade, mas os pensamentos das pessoas sempre acabam tomando forma. Bons ou maus, eles sempre se tornam realidade.

Também é fato que as pessoas avançam diariamente rumo àquilo em que estão interessadas. Não há dúvida quanto a isso; trata-se de um fato inegável.

Portanto, dentro do Princípio do Desenvolvimento, é preciso conhecer o conceito que diz: "Tanto os pensamentos bons quanto os maus se concretizam. Quem tem maus pensamentos atrai a negatividade, ao passo que os que cultivam pensamentos bons fazem com que aconteçam coisas boas". Essa é uma das leis do mundo espiritual, uma lei infalível. Primeiro é preciso saber da existência do bem e do mal e, a seguir, reconhecer que os nossos pensamentos têm o poder de se manifestar neste mundo.

O amor, o conhecimento e a reflexão são meios para realizar o desenvolvimento

Em primeiro lugar, examine a sua mente com atenção. Se conseguir visualizar bem os conceitos de amor, conhecimento e reflexão que acabo de explicar, então, como resultado, você vai chegar ao Princípio do Desenvolvimento. Por ter se aprimorado por meio dos Princípios do Amor, do Conhecimento e da Reflexão, você será levado a praticar o Princípio do Desenvolvimento.

No que se refere ao Princípio do Amor, caso você mentalize fortemente a intenção de cobrar amor, tanto você quanto os que o cercam tomarão o rumo da infelicidade. E mesmo de acordo com o Princípio do Conhecimento, se os seus pensamentos tomarem a direção errada, você não conseguirá alcançar a felicidade. Quanto ao Princípio da Reflexão, este assevera que aquele que sabe praticar a reflexão é capaz de orientar seus pensamentos na direção certa. Por outro lado, quem for incapaz de praticar a reflexão dará um rumo equivocado também aos pensamentos. Quando a pessoa compreende e pratica corretamente os Princípios do Amor, do Conhecimento e da Reflexão, o Princípio do Desenvolvimento passa a fluir no sentido correto. O desenvolvimento da pessoa se dá quando ela começa a amar as demais. De acordo com o Princípio do Conhecimento, os estudos diversos contribuem para o desenvolvimento. Se se empenhar para corrigir, um a um, os seus defeitos, erros e sofrimentos por meio da reflexão, e se encontrar resposta para cada um desses problemas por meio da pesquisa e análise dos mesmos, você haverá de trilhar o caminho do desenvolvimento.

O amor, o conhecimento e a reflexão são, todos eles, métodos para ingressar na corrente do desenvolvimento. Se conseguir passar por tudo isso para chegar ao Princípio do Desenvolvimento, você estará no caminho certo.

Viva de modo que a sua felicidade leve à felicidade da humanidade

Em primeiro lugar, você deve acreditar que seus pensamentos sempre se realizam. Pode demorar dez, vinte ou trinta anos, mas eles enfim acabarão se concretizando. Mesmo que você não veja o resultado neste mundo, eles acabarão por se realizar no mundo espiritual.

Tomemos o exemplo de Jesus Cristo. Alguns dizem que ele devia ser o salvador da humanidade, mas foi crucificado e morreu sem chegar a sê-lo neste mundo. Se examinarmos sua vida unicamente no contexto deste mundo, pode parecer que ele não cumpriu a sua missão. Até mesmo os doze apóstolos o traíram e fugiram. Por certo, é bem conhecida a traição de Judas Iscariotes, que o vendeu por trinta moedas de prata, mas os outros apóstolos, temendo a perseguição, também disseram: "Eu não conheço esse homem", e fugiram. Pode parecer que os pensamentos de Cristo morreram com seu corpo terreno; porém, nos anos decorridos de lá para cá, o seu desejo de salvar a humanidade foi um grande sucesso. Pode-se perceber, portanto, que, embora os pensamentos às vezes pareçam não se realizar a curto prazo, sempre frutificam ao longo de um período mais prolongado.

Embora Jesus tenha conseguido realizar seus desejos de salvador, os trágicos acontecimentos de sua vida também parecem ter influenciado o curso da história nos dois milênios subsequentes. Mesmo entre as religiões consideradas boas, existem grandes diferenças, pois cada uma delas possui características exclusivas; no Cristianismo, o conceito apocalíptico continua sendo forte, o que levou a muitas tragédias ao longo dos séculos.

Na Happy Science, nós damos muita importância ao modo como se produzem os pensamentos e ao rumo que eles tomam. Os pensamentos sempre se concretizam, de modo que é importante que você sempre tenha o cuidado de observar o tipo de pensamento que está cultivando, como ele pode se manifestar e o que isso há de significar no futuro. É necessário perguntar a si próprio o que aconteceria se a sua ação baseada num determinado pensamento produzisse uma grande corrente.

Nós precisamos unir nossos pensamentos para trabalhar em prol da felicidade de toda a humanidade. A nossa meta é levar a felicidade a todos os seres humanos, e a felicidade pessoal de cada indivíduo servirá para chegar a esse fim. Se a sua felicidade pessoal é do tipo que leva à felicidade de toda a humanidade e se você quer viver de maneira a ampliá-la para o resto da humanidade, esse é o tipo certo de pensamento; ele não causará problemas quando se realizar. O tipo de pensamento a que você deve aspirar é o da busca da felicidade pessoal que leva à felicidade de todos os seres humanos.

No entanto, é muito grande o número de pessoas ocupadas exclusivamente em realizar suas ambições e dispostas a lançar mão de qualquer expediente para isso. Mesmo que elas pareçam ser bem-sucedidas em termos mundanos, se não estiverem com o correto coração, podem acabar fazendo o mal. Por exemplo, aquele que simplesmente quer dinheiro muitas vezes é capaz de assaltar um banco ou recorrer a uma fraude.

Se você decidir viver de um modo em que a sua própria felicidade coincida com a do resto da humanidade, depois de dez ou vinte anos de esforço descobrirá que as coisas começaram, paulatinamente, a tomar esse rumo e que seus pensamentos estão se realizando. Certifique-se sempre de que a sua felicidade pessoal conduza à felicidade de todos os seres humanos, de que os seus pensamentos não estão equivocados e de que você está avançando na direção correta. Se a resposta para todos esses pontos for "sim", continue cultivando durante muito tempo esses pensamentos e eles se realizarão definitivamente.

O seu entusiasmo, o seu empenho e a continuidade do seu trabalho determinarão o grau de realização dos seus pensamentos. O entusiasmo que você sente por eles, o empenho com que se dedica a eles e o tempo que passa se esforçando para realizá-los — a soma desses três fatores resulta na sua realização. Essa é uma das leis do desenvolvimento.

6. Pratique os quatro princípios no seu aprimoramento espiritual

Eu mesmo vivenciei os quatro princípios que expus neste capítulo e creio que você também os vivenciará. Os Princípios da Felicidade incluem muitos outros ensinamentos profundos, tal como eu os apresento em meus outros livros. Neste capítulo, fiz uma abordagem de fácil compreensão e o intitulei "Os quatro princípios que trazem a felicidade".

Você pode recorrer a esses princípios para difundir a Verdade ou utilizá-los como temas para meditar e refletir profundamente nos exercícios de koans, uma prática budista de meditação. Quando participar de um dos seminários do nosso instituto, é recomendável que pratique a meditação zen e aprofunde a sua contemplação nos seguintes temas de koans: "Livre-se do sofrimento provocado pelo amor possessivo", "Se você tem tempo para lastimar a sua falta de inteligência, aproveite-o para estudar", "A reflexão expulsa os maus espíritos" e "Seus pensamentos se realizam". Se você fizer isso, o seu aprimoramento espiritual certamente dará um grande salto.

Capítulo Quatro

A atitude de felicidade
ao alcance de todos
Uma apresentação da Happy Science

1. O ponto de partida da Happy Science

Dos pré-requisitos para ser membro à salvação das massas
A Happy Science iniciou as suas atividades há mais de dez anos; nesse período já ministrei centenas de palestras e também se contam às centenas os livros que publiquei. É bem possível que os novos membros não saibam por onde começar os estudos. Diante de tanto material, eu os imagino navegando no oceano da Verdade.

Foi isso o que me levou a escrever o presente capítulo. Nele explico o conceito e os ensinamentos fundamentais necessários para ingressar na Happy Science, do ponto de vista atual, mais de dez anos depois da fundação da instituição. Por mais estranho que pareça, a verdade é que o corpo da nossa doutrina cresceu de tal maneira que é difícil fazer mais do que apresentar uma "introdução à introdução". Mesmo assim, espero dar uma ideia do nosso conceito fundamental.

Nós acumulamos uma ampla gama de ensinamentos, mas isso não significa que tenham sido ministrados a esmo. Os conceitos da nossa doutrina fundamental, os Princípios da Felicidade, já foram ensinados na minha primeira palestra. Em seguida, preguei o Princípio do Amor e, então, todos os demais que compõem os dez grandes princípios.

Quanto ao tipo de administração adotado, inicialmente nós estabelecemos critérios de admissão. Em vez de permitir o ingresso de todos os interessados, preferimos um sistema de requerimento de ingresso por escrito e avaliávamos os candidatos um a um para verificar se estavam qualificados para estudar conosco. Para evitar os hipócritas e aqueles que poderiam atrapalhar o ingresso de outros membros, preferimos que as pessoas apresentassem um requerimento no qual explicavam por que desejavam ingressar e que impressões tinham de nossos preceitos básicos. Eu analisava esses requerimentos pessoalmente para ver se o interessado aspirava sinceramente o aprimoramento espiritual na Happy Science com base na leitura dos nossos livros da Verdade.

No início, em média, a cada cem requerimentos, cerca de quarenta pessoas eram admitidas, ou seja, o índice de aprovação era de 40 por cento.

Assim, no início, nós procuramos manter a organização pequena para que a qualidade pudesse ser preservada. A imagem que cultivávamos era a de uma instituição bem organizada, com alguns milhares de membros, e que fosse crescendo paulatinamente até chegar a dez mil. Queríamos ser tidos em bom conceito e contar com um bom sistema administrativo antes de nos expandir. Por esse motivo, nos primeiros três anos fomos restritivos. Todavia, apesar desse cuidado, uma energia explosiva começou a se formar no interior da organização antes que tivéssemos tempo de desenvolver o know-how necessário para dirigi-la. Isso nos impossibilitou de administrá-la com tranquilidade nos anos seguintes.

Eram muitos os livros que eu ainda queria escrever, inclusive abordando os nossos ensinamentos fundamentais, e sabia que, se ficasse ocupado demais, não conseguiria me concentrar. Assim, a minha intenção era primeiramente consolidar os conceitos, mesmo que isso significasse limitar o crescimento. Tomei a decisão de lançar os conceitos fundamentais e depois acolher as pessoas que os aceitassem.

No entanto, a missão de uma religião é disseminar seus preceitos ao máximo. Por isso, na década de 1990, nós entramos num período de crescimento que anunciava o movimento Mahayana ou do Grande Veículo, expandindo o propósito da "salvação de todos os seres".

Quando começamos a atuar no exterior, as pessoas diziam: "Onde já se viu uma religião exigir que os interessados façam um requerimento por escrito e se submetam a um teste? Uma religião tem de atrair o maior número de fiéis e só assim ela pode ser considerada de utilidade pública. Por ora, a sua organização se parece mais com uma escola!" E é claro que tinham razão; no começo nós nos parecíamos muito com uma escola.

No exterior, diziam: "Vocês são uma religião, portanto devem procurar atrair o máximo de adeptos possível", e com razão. "Uma religião tão relutante em atrair as pessoas não é uma religião", diziam. "As religiões equivocadas fazem até lavagem cerebral nas pessoas para levá-las a aceitar os seus dogmas; portanto, uma religião boa não devia hesitar em aceitar novos membros. Se não atraírem muitos fiéis, vocês nunca serão reconhecidos como uma religião." Sendo esse o caso, não nos restava senão concordar e dar as boas-vindas a todos os que quisessem se unir a nós. Tratamos de criar um sistema para aceitar a todos, mas, de certo modo, isso mostra que a nossa religião foi extremamente popular desde o seu início.

Atraindo novos fiéis por meio dos livros

No início, nós limitamos deliberadamente o número de membros, e, apesar disso, produzimos numerosos best-sellers que, por sua vez, aumentaram o número de membros, o que para nós é motivo de orgulho. Sempre houve dez vezes mais leitores do que adeptos, o que indicava a existência de muitos adeptos em potencial. Nossa organização não foi herdada de um líder anterior em que pudéssemos nos basear para criar novos best-sellers.

Sendo assim, no início, quando eu ministrava uma palestra, os membros representavam apenas 10 a 30 por cento da plateia. Os demais não eram membros. Eu atraía um público que chegava a dezenas de milhares, fato que me deu muita confiança.

Preferimos crescer em velocidade de cruzeiro para que a sobrecarga administrativa não causasse prejuízo às minhas palestras.

Atualmente, a diretriz da administração é outra, pois estamos empenhados em propagar a Verdade no estilo do movimento Mahayana ou Grande Veículo; contudo, o nosso espírito original não mudou. Não poupo esforço para visar a ideais elevados. A nossa instituição se alicerça na sublimidade das Leis, no estudo diligente e no empenho dos nossos membros. E estes que já se aprimoraram são os que devem orientar os demais.

2. "A busca do Correto Coração" e "Os Princípios da Felicidade"

As leis que regem o nosso coração e que determinam a felicidade e a infelicidade

Eu já não sei quantas centenas de palestras e pregações fiz ao longo de todos esses anos, mas nunca repeti duas vezes o mesmo conteúdo. Cada palestra é diferente das demais. Certamente, isso torna o estudo mais difícil e volumoso para os membros; porém, como pregador, eu tenho a consciência de querer oferecer sempre o melhor. Elaboro cada tema com cuidado, como uma obra de arte, e assim vou agregando novos ensinamentos a cada palestra.

Como quero que as pessoas aprendam tudo, faço questão de abordar todos os temas que ajudem a conduzir os seres humanos à Iluminação e à felicidade. Quando os componho, penso: "Isto é importante; aquilo também é necessário". Minhas suposições estão corretas na medida em que cada pessoa reage a partes diferentes da Verdade. Uma pessoa pode se sensibilizar por este livro, enquanto outra pode se interessar por outros. Até pode acontecer de duas pessoas encontrarem benefício e salvação em seções diferentes de um mesmo livro.

Por isso, embora eu pense: "Talvez não seja necessário incluir esta parte", acabo incluindo-a, convencido de que sempre há uma possibilidade de ela salvar alguém, e, mais tarde, descubro que era exatamente o que determinada pessoa estava procurando. Mesmo que me pareça desnecessária, às vezes uma parte é importante para dezenas ou mesmo centenas de pessoas.

Nas minhas pregações, muitos pensam que eu me refiro a eles pessoalmente, que estou apontando os seus erros e censurando-os. No entanto, não me dirijo a nenhum indivíduo em particular. As leis da Verdade aplicam-se a muitas pessoas simultaneamente. Elas se referem aos erros do coração de muitas pessoas, ora oferecendo estímulos, ora convidando-as a reconstruir a vida. Isso ocorre porque eu sempre observo o que acontece no coração de um grande número de pessoas a fim de descobrir o que seria de aplicabilidade universal, o que poderia ser considerada uma lei universal. Consequentemente, tenho descoberto certas "leis do coração" que se aplicam a uma grande variedade de estilos de vida, regras que, quando observadas, trazem a felicidade, mas que, quando desdenhadas, geram a infelicidade.

Como eu espero que, em alguma etapa da vida, as pessoas tenham contato com a Verdade e a Iluminação, o conteúdo de cada uma das palestras é diferente e abrange uma variedade de temas. Contudo, todas elas são fundamentadas nas leis do coração. Meus pensamentos sempre se voltam para essas leis. Há leis que quando obedecidas levam a pessoa a ser feliz. E há outras que a levam a ser infeliz. Que leis são essas? Às vezes, eu as formulo indutivamente, a partir de exemplos individuais concretos; em outras ocasiões, chego a elas dedutivamente: "Essa é a vontade de Deus ou de Buda, portanto devemos viver dessa maneira para alcançar a felicidade". Embora eu use tanto o método indutivo como o dedutivo, tudo se concentra nas leis do coração.

O verdadeiro significado da palavra "correto"

Dentre as leis do coração, aquelas que tratam da atitude que traz felicidade, eu denominei "a busca do Correto Coração". É

A ATITUDE DE FELICIDADE AO ALCANCE DE TODOS   121

difícil dar uma explicação simples para essa busca, mas quando digo "correto" refiro-me a um estado espiritual em harmonia com as leis de Deus ou do Buda Primordial que criou o Grande Universo.

Naturalmente, na palavra "correto" está contida a fé, que só pode ser abordada por meio da religião. Assim, nesse contexto, o significado de "correto" nem sempre corresponde ao que empregamos no sentido mundano. No contexto mundano, a palavra "correto" se refere a uma variedade de coisas; por exemplo, na ciência pode se referir a teoremas, hipóteses ou teorias. Na realidade, porém, uma teoria ou hipótese é apenas uma ideia que nem sempre foi devidamente comprovada como verdadeira.

A ciência pode afirmar que a humanidade surgiu há vários milhões de anos, que um fato se deu centenas de milhares de anos atrás ou que o Homo sapiens se diferenciou do chimpanzé há quatro milhões de anos, mas eu não acredito nessas afirmações. Não as considero verdadeiras. Apesar disso, não há problema em responder nos exames acadêmicos como verdadeiras, uma vez que as escolas ensinam assim. Os compêndios não são necessariamente corretos; apenas representam o que é aceito como conhecimento num determinado ponto do tempo e, nesse contexto, eu não tenho a intenção de corrigi-los.

Os conceitos que a Happy Science ensina não coincidem necessariamente com os resultados das pesquisas ou dos estudos científicos, mas isso não quer dizer que devamos entrar em choque. Para evitar conflito, convém que você se adapte ao clima das escolas quando estiver na escola. Da mesma maneira, Jesus Cristo certa vez olhou para uma moeda e disse: "Dai, pois, a César o que é de César, e a Deus o que é de Deus" (Mat.

22.21). Há coisas que são regidas pelas leis deste mundo, e eu não pretendo polemizar a respeito do que funciona bem neste mundo.

No seu verdadeiro sentido, porém, a palavra correto tem como premissa a existência de Deus e a visão do mundo espiritual, o que não é levado em conta nos compêndios e livros escolares. Naquilo que chamamos de ciência, nem mesmo a existência dos espíritos foi comprovada. Há mais de 2.500 anos, Sakyamuni Buda renunciou ao mundo para ser um asceta, para encontrar a resposta para a dor do nascimento, do envelhecimento, da doença e da morte. Porém, 2.500 anos depois, a medicina continua sendo incapaz de descobrir o verdadeiro motivo pelo qual as pessoas nascem, o significado da morte ou o conhecimento do mundo após a morte. Por isso, podemos dizer que a religião continua sendo muito necessária.

Eu não creio que a definição científica, médica ou educacional da palavra "correto" seja adequada. Não pretendo discutir isso a ponto de dificultar a vida neste mundo, mas gostaria que o principal critério para determinar o que é correto para todos se baseasse no mundo da fé. Naturalmente, para viver neste mundo é preciso que se use uma abordagem adequada a este mundo. Por exemplo, os médicos, mesmo os que têm fé, devem prescrever remédios e cuidar das partes doentes do corpo usando procedimentos materialistas quando necessário. Isso é absolutamente aceito por nós como um expediente da medicina. Não obstante, a nossa postura é a de apontar sempre que necessário o que lhes falta, como é o caso da falta de conhecimento a respeito da alma humana, que é, aliás, fundamental.

O mesmo se aplica à Constituição ou às questões jurídicas. A Constituição não é uma coisa criada por Deus, e sim por seres humanos. Do mesmo modo, as leis deste mundo refletem apenas as opiniões da maioria no parlamento ou no congresso, e, de acordo com o número de políticos pertencentes a um partido em determinado momento, tais opiniões variam enormemente. Dependendo do partido que tiver maioria, os resultados serão diferentes, por isso nunca se pode afirmar que as leis deste mundo são absolutamente corretas. Eu entendo que o "correto" dos juízes e juristas difere muito do que é "correto" no mundo da fé.

No entanto, como expliquei, na fase inicial da nossa instituição, quando publicamos os livros de mensagens espirituais, a nossa definição de correto não era absoluta. Até mesmo entre os espíritos superiores há divergências de opiniões, pois eles são diferentes entre si quanto à personalidade. Essas divergências podem ser constatadas na Coleção de Mensagens Espirituais de Ryuho Okawa. Obviamente, o conteúdo desses livros atende aos requisitos do mundo celestial na medida em que é de alto nível e expressa uma maneira de pensar capaz de levar as pessoas à felicidade. Todavia, há diferenças tanto nos seus métodos como também no modo de pensar.

O que proporciona felicidade para uma pessoa pode não proporcionar para outra. Isso difere de pessoa para pessoa. No conjunto, qual delas pode ser considerada a mais correta ou mais confiável? Essa é uma questão que pode ser respondida comparando-se a força das religiões. De qualquer maneira, o fato de existirem tantos modos de pensar indica que as necessidades das pessoas variam muito e estas não podem ser negadas. Portanto, dentro da definição de "correto" admite-se a existência da pluralidade de conceitos, mas, apesar dessa pluralidade, todos esses conceitos apontam para uma direção única, para a vontade de Buda ou de Deus. Esse é o significado de "correto".

Os Quatro Corretos Caminhos como Princípios da Felicidade

Eu apresentei os Princípios da Felicidade como práticas concretas da busca do Correto Coração. Respondendo à pergunta: "O que significa a busca do Correto Coração?", eu diria: "É o estudo dos Princípios da Felicidade".

São Princípios da Felicidade aqueles princípios que garantem a felicidade das pessoas que se empenham em estudá-los e praticá-los. E esses princípios não são independentes entre si. Eles encerram outros princípios. O primeiro deles é o Princípio do Amor, o segundo, o Princípio do Conhecimento; o terceiro, o Princípio da Reflexão e o quarto, o Princípio do Desenvolvimento. Naturalmente, eu já falei sobre diversos outros princípios; há muitas maneiras de se levar a felicidade às pessoas. Mas, para sintetizar os Princípios da Felicidade, eu diria que eles consistem em "amor", "conhecimento", "reflexão" e "desenvolvimento". Isso é o que eu denomino os Quatro Corretos Caminhos da atualidade.

Venho pregando a importância de observar esses quatro princípios, pois, se você se dedicar à busca do Correto Coração, tendo tais princípios sempre em mente, não se extraviará e conseguirá retornar ao mundo celestial após a morte. Além disso, será capaz de praticar os aprimoramentos espirituais para ser um Anjo de Luz. É por isso que eu recomendo aos membros da Happy Science que se dediquem à exploração do Correto Coração, que encontrem a natureza búdica, a natureza divina, e pratiquem os quatro princípios, do amor, do conhecimento, da reflexão e do desenvolvimento, como objetivos concretos na vida cotidiana.

Se me pedissem para resumir os ensinos fundamentais da nossa instituição, eu diria: "A Happy Science espera que seus seguidores trabalhem na busca do Correto Coração e lhes recomenda os Princípios da Felicidade como uma prática concreta. Se observar esses princípios, você se qualificará como membro da nossa instituição. Se os tiver sempre em mente, estudar a Verdade, praticar a reflexão e a oração, esforçando-se para difundir a Verdade, ao mesmo tempo que atua como membro da sociedade, você não se extraviará e poderá ser considerado um fiel devoto". Esse é o arcabouço da nossa doutrina.

3. O Princípio do Amor

Pratique o amor altruísta em vez do amor possessivo
Como primeiro princípio, eu proponho o Princípio do Amor. Há várias maneiras de se estruturar os Princípios da Felicidade, mas me parece importante que o portal do darma ou a entrada da doutrina seja a mais ampla possível. O primeiro princípio deve ter amplo alcance, de modo a possibilitar a participação de todos. O Princípio do Amor é, portanto, o ideal.

Uma discussão complicada sobre como atingir a Iluminação pode ser benéfica para quem tem um viés intelectual, mas nem todos contam com a formação necessária para acompanhar esse tipo de discussão. Ademais, quem está sofrendo, à mercê de turbilhões de aflições, não pensa de modo racional. Geralmente, sofre por questões sentimentais, pois a maioria das aflições consiste em dor emocional. Assim, para criar um princípio comum a todas as pessoas do mundo, como portal de entrada ao nosso darma, a doutrina do amor é a melhor. É a mais ampla e a de mais fácil acesso, mas nem por isso é de baixo nível. O Princípio do Amor é o portal do darma pelo qual todos podem entrar, mas que ninguém é capaz de dominar por completo.

Muito se deve ensinar acerca do Princípio do Amor. Em primeiro lugar, eu gostaria de oferecer as seguintes palavras para lhe abrir os olhos para a Iluminação: "Quando você pensa que está dando amor ao próximo, na verdade, não está cobrando amor? Quando pensa em amor, tem certeza de que não pensa em ser amado, em cobrar amor? Isso não é amor de verdade. Você sofre justamente por querer ser amado, certo?"

Esse é o tipo de amor que o Budismo antigo chamava também de "amor", porém no sentido de apego. Nos primeiros tempos do Budismo, o apego era designado pela palavra "amor", ao passo que o verdadeiro amor, aquele que dá, era conhecido como "misericórdia". O amor que eu prego não é apego, é misericórdia. Misericórdia significa dar sem nada esperar em troca; misericórdia é o coração que doa continuamente.

Eu dou a isso o nome "amor que dá", porque assim é mais fácil de entender em termos mundanos. Eu podia simplesmente chamá-lo de "misericórdia", mas a palavra é um tanto antiquada, e é possível que as pessoas modernas achem difícil compreendê-la. Por isso a traduzi para a linguagem moderna como "amor que dá", algo que até mesmo um jovem estudante entende sem dificuldade.

Quando as pessoas pensam em "amor", quase sempre pensam em ser amadas, seja pelo homem ou pela mulher de que gostam, seja pelos pais ou pelos filhos. E quando não recebem amor suficiente, sofrem. Esse tipo de pensamento precisa mudar. Se todos quiserem receber amor e ninguém se dispuser a dá-lo, haverá uma escassez mundial de amor. É importante primeiro suprir o mundo de amor, então ele ficará repleto. É preciso deixar de pensar unicamente no que você quer receber ou cobrar.

Uma sociedade carente de amor, uma sociedade cobradora de amor, é como um mundo povoado de inválidos, todos sendo tratados em leitos hospitalares e gritando: "Está doendo. Dê-me mais remédio! Faça com que eu me sinta melhor!" Se todos se comportarem assim, haverá problemas; serão necessários mais médicos, mais enfermeiros, mais medicamentos. É por isso que você deve tentar dar amor sempre que puder. Faça algo útil pelos outros. Antes de exigir felicidade para si, procure levar a felicidade aos demais. Se outras pessoas fizerem o mesmo, o sofrimento desaparecerá naturalmente deste mundo.

Quase toda a sua dor provém do apego. O apego é a dor de querer que os outros façam certas coisas, sabendo que não farão. No Budismo, isso é conhecido como o sofrimento de não ter aquilo que se quer. Faz parte do ensino sobre o sofrimento que Sakyamuni Buda transmitiu quando explicou que, neste mundo, há coisas inalcançáveis por mais que as desejemos.

Se todos insistissem: "Eu quero tal coisa, mas ninguém vai fazê-la para mim", não haveria uma única pessoa feliz no mundo. Comece por fazer o que está ao seu alcance. Pratique o amor que dá e verá que um caminho se abre para você. Quem pratica o amor que dá já está no caminho da felicidade. Todos os dias serão agradáveis, e ver a alegria alheia dará prazer. Se você consegue encontrar a felicidade ao ver a satisfação dos outros, ao vê-los alcançar a felicidade, você já deu o primeiro passo para o céu. Quem faz isso irá para o céu quando morrer.

Os que sentem inveja ou ciúme quando veem a felicidade alheia estão muito longe desse estado. Pensar unicamente em sua própria felicidade, não querer que os outros sejam felizes e desejar a desgraça alheia são sentimentos infernais. Ser capaz de se alegrar com a felicidade alheia é um pré-requisito para entrar no céu. Basta dominar o Princípio do Amor, o primeiro passo, para que o portal do céu se abra para você. Embora pareça simples, a verdade é que este tema é muito profundo.

Os estágios de desenvolvimento do amor

A doutrina do amor envolve vários estágios, os quais eu delineei em livros como *As Leis do Sol*.* São eles: o amor fundamental, o amor que nutre, o amor que perdoa e o amor da existência. Mesmo que pareça, não se trata de um complicado debate filosófico.

O primeiro estágio, o amor fundamental, é o amor ao próximo ou ao semelhante. Trata-se do amor que temos pelos familiares e amigos ou pelas pessoas com quem nos relacionamos cotidianamente. Pode parecer um amor menor, mas não é. Se chegar a dominar esse estágio, você pode entrar no céu, de modo que ele representa um portal de darma muito amplo. É preciso começar pela prática do amor fundamental.

O estágio seguinte, na doutrina do amor, é o do "amor que nutre" e o seu pré-requisito é manter um estado espiritual apto para entrar no céu. Trata-se de um amor que requer certo rigor e sabedoria. É o amor do mestre ou do líder. Por exemplo, o amor dos professores não pode servir apenas para mimar os alunos.

---

* Cf. *As Leis do Sol*, pp. 105-108.

Naturalmente, os alunos adorariam ser elogiados e tratados com doçura, mas, para instruir os outros, isso não basta. É preciso censurar e corrigir quando necessário. Mesmo que o indivíduo em questão ache difícil ouvir, às vezes é preciso dizer-lhe que, se ele não se esforçar, o caminho de seu futuro permanecerá fechado.

Espiritualmente, o amor que nutre requer sabedoria e combina ternura com rigor na proporção necessária. Se conseguir realizar esse nível de amor, você será reconhecido como um líder excelente neste mundo.

Mais elevado que esse é o "amor que perdoa", um estado espiritual religioso que é um tipo muito mais profundo de amor. Enquanto você estiver preocupado com o seu próprio ego, com o eu que reside no ego ou o eu apartado dos demais, a sua evolução não passaria do amor que nutre.

Todavia, quando o seu estado espiritual religioso atingir um estágio superior, você começa a perceber que você é você e ao mesmo tempo já não é você mesmo. Você sente que está vivendo na palma da gigantesca mão de Deus ou de Buda. Além disso, percebe que você vive e atua neste mundo como um dedo da mão Dele. Você desenvolve uma visão mais profunda da vida, baseada na convicção de que você, além de ser você mesmo, não o é mais, que foi escolhido para cumprir a missão de Deus, vivendo como parte da vontade Dele.

À medida que for desenvolvendo essa perspectiva profunda da vida, você conseguirá ver tudo com um senso abundante de misericórdia. Você vai se comover ao constatar que todos os seres vivos passam por um aprimoramento espiritual neste mundo. Por mais malvada que seja uma pessoa, você conseguirá encontrar nela a luz do bem, a luz da natureza búdica ou divina dentro do coração dela. Compreenderá que, mesmo que ela tenha essa natureza divina dentro de si, momentaneamente está sofrendo pelos resultados ruins de modos equivocados de pensar ou de agir.

Ao atingir esse estado de espírito, você será capaz de nutrir um sentimento de amor e compaixão até mesmo pelos pecadores. E perguntará a si mesmo: "O que tenho de fazer para que a natureza búdica dessas pessoas possa reluzir?". Mesmo que os outros achem difícil amá-las, você estará disposto a amar a natureza divina ou a luz de Buda dentro delas.

Também se comoverá vendo a vida de todos os seres vivos deste mundo. Vai se comover com a vida das plantas e das flores. Sentirá a luz divina nos animais, que vivem também com muito empenho. Compreenderá que os animais também se esforçam para se desenvolver espiritualmente.

Os animais praticam seus aprimoramentos ascéticos. Usam seus conhecimentos para encontrar comida, lutam para se proteger dos inimigos, criam os filhotes e no inverno se esforçam para encontrar capim em lugares onde ele fica escasso. A vida deles não é fácil, mas eles fazem o possível para atingir um estágio mais elevado da alma.

Ao observar a vida animal, você vai aprender que a jornada para se tornar um ser humano é longa, mas, ainda assim, os animais têm na essência a mesma natureza que os seres humanos. Eles compartilham dos mesmos sentimentos básicos de alegria, raiva, tristeza e prazer. Certamente, todos desejam um dia se tornar seres humanos, mediante um longo ciclo de reencarnação.

O tipo de Iluminação capaz de enxergar a vida de Buda em todos os seres vivos é característico do estágio do amor que perdoa. Nesse estágio, você passa a ver coisas que não eram visíveis na fase do amor que nutre e assim começa a desenvolver o sentimento do amor que perdoa.

O estágio seguinte é o do "amor da existência", o amor dos Tathagatas ou Arcanjos. Trata-se de um estágio sublime, com o qual a maioria das pessoas não precisa se preocupar muito por ora. Primeiramente, você deve se concentrar no amor fundamental, no amor que nutre e no amor que perdoa. O amor da existência é um estado em que a própria existência da pessoa representa o espírito da época, irradiando luz no mundo. Esse não é um estágio que você pode atingir por vontade própria; ele é reconhecido pelas pessoas e pelas gerações vindouras.

No entanto, você pode desejar ser como o Sol e irradiar vida para todos os seres; desejar ser a encarnação da misericórdia, como uma nuvem que abençoa a natureza com a chuva, embebendo a terra seca com a benevolência da água. Esse é o desejo de manifestar o amor da existência. É a determinação de projetar luz sobre muitos, não só sobre as pessoas próximas.

A Happy Science empreende atividades missionárias para propagar a Verdade, mas há limites para o que se pode realizar neste mundo. Ainda que os nossos livros figurem na lista de bestsellers, continuam existindo pessoas que não são tocadas por eles. Por mais que eu pregue e por mais palestras que ministre, há quem não dê ouvidos às minhas palavras. Embora nós produzamos fitas e CDs com as minhas palestras, são muitas as pessoas que não os têm. Mesmo que publiquemos traduções dos nossos livros, continuará havendo quem não os leia. E essas pessoas são em grande número. Apesar disso, o meu desejo é sempre levar a Verdade para o máximo de pessoas possível e, assim, levar-lhes a felicidade. Essa tarefa gigantesca é a minha meta e também a meta dos que se uniram a nós e estudam no nosso instituto.

Do ponto de vista desse sentimento de misericórdia, o amor que se limita aos parentes e amigos pode parecer insignificante. O amor pelos familiares, pelos amigos ou pelas pessoas com que você tem contato, do qual falei anteriormente, pode parecer limitado, mas é a partir desse primeiro passo que se deve desenvolver a grande misericórdia.

São esses, pois, os vários estágios do desenvolvimento do amor. É claro que eles se sobrepõem. O amor fundamental contém elementos do amor que nutre; este contém elementos tanto do amor fundamental quanto do amor que perdoa. E mais, até certo grau, todo mundo pode vir a ser um pequeno amor da existência. Você tem de ser o amor da existência em sua família. Um pai precisa brilhar como pai, a mãe deve brilhar como mãe e os filhos têm de brilhar como filhos. Cada qual deve brilhar no colégio ou no bairro. Em menor escala, o amor da existência é algo que todos podem manifestar.

Cada estágio do amor é diferente e, ao mesmo tempo, igual aos demais. Isso se deve ao fato de que o amor se expressa em diferentes níveis, em diferentes estágios de desenvolvimento, mas cada estágio possui todos os elementos dos outros. A única diferença é a faceta que está sendo expressa mais intensamente. Esse conceito de estágios de desenvolvimento abrange tanto os estágios da Iluminação quanto os do amor.

Quando o Princípio do Amor se disseminar, o mundo conhecerá a paz

De acordo com o princípio do amor, as pessoas deviam parar de cobrar amor das outras e passar a dá-lo. Isso é uma bênção porque basta você seguir esse ensinamento para entrar no céu.

A ATITUDE DE FELICIDADE AO ALCANCE DE TODOS   133

Todavia, se lhe faltar sabedoria na prática de dar amor, você poderá fracassar. Às vezes, pode até prejudicar os outros, levando-os a se degenerar por excesso de mimo. Talvez você elogie uma pessoa que está cometendo um erro e, assim, agrave o equívoco dela. Se você estiver nesse tipo de situação, precisa recorrer à sua sabedoria. Às vezes é preciso usar a sabedoria para repreender as pessoas. Ocasionalmente, é preciso franzir o cenho e adotar a severidade de um pai para orientar os demais. Também é preciso aprender a usar esse tipo de amor que nutre.

À medida que o amor que nutre se fortalece, você se torna capaz de distinguir com clareza o bem e o mal. Mas se você se concentrar demais em distinguir um do outro, acabará se distanciando da verdadeira Vontade de Deus. E o que transcende tudo isso é o amor que perdoa; com uma misericórdia profunda por todos os seres vivos, você consegue transcender o bem e o mal.

Além disso, é preciso estar determinado a maximizar a luz durante algumas décadas desta existência. É preciso viver com o forte desejo de irradiar luz para o maior número de pessoas possível, de irradiar toda a luz que puder, como uma tocha de darma nas noites escuras, transformando-se numa espécie de farol num porto, fazendo com que a sua luz chegue aos lugares mais remotos. Todos os ascetas devem gravar no coração esses estágios de desenvolvimento do amor.

Não obstante, ao tentar praticar os estágios do amor, a maioria das pessoas tropeça já no ponto de partida. Ainda que tente manifestar o "amor da existência", você vai descobrir que isso não é nada fácil, pois existem muitas interferências na vida, como brigas com o parceiro, com os filhos, com os irmãos, com os amigos, com o chefe; além de inveja dos colegas etc.

Não há como dizer: "Eu já encerrei meus exercícios de aprimoramento espiritual; portanto, concluí este estágio". Você vai ter de voltar muitas vezes ao ponto de partida, enfrentando novos desafios, de modo que é importante observar-se constantemente e prosseguir com o aprimoramento espiritual.

Esse é o Princípio do Amor. Se todos conseguirem dominá-lo, a paz se realizará neste mundo e isso há de acrescentar uma nova perspectiva à doutrina cristã do amor. Embora o Cristianismo pregue o amor, sempre há conflitos neste mundo. Se se acrescentar a doutrina budista do amor, transformando-a numa doutrina da misericórdia, toda discórdia chegará ao fim. Por esse motivo, o mero fato de se divulgar em todo o mundo os ensinamentos da Happy Science dará à humanidade um grau considerável de felicidade.

4. O Princípio do Conhecimento

**Transforme o conhecimento em sabedoria,
colocando-o em prática**

O segundo princípio da felicidade é o do conhecimento. Ao longo do ciclo de reencarnação da alma, jamais houve e nem haverá uma era com tantas oportunidades de estudo como a atual, a grande era da informação.

Temos à nossa disposição um número incontável de livros e de outros materiais didáticos, e a humanidade desenvolveu a sua inteligência ao máximo. Nunca na história o mundo presenciou o surgimento de tantos intelectuais e prodígios. Em comparação com outras épocas, hoje as pessoas têm um conhecimento quase divino — ou pelo menos contam com a possibilidade de tê-lo.

A ATITUDE DE FELICIDADE AO ALCANCE DE TODOS   135

Por vivermos bem numa era como esta, eu gostaria sinceramente que todos fizessem um estudo completo da Verdade e é por isso que estou apresentando o Princípio do Conhecimento. Naturalmente, esse princípio parte de um estudo da Verdade, mas não significa que basta simplesmente acumular conhecimento. É preciso transformá-lo em sabedoria e aplicar esse conhecimento na vida cotidiana, no trabalho, nas atividades missionárias e no processo de sua própria Iluminação.

A Verdade de Deus em forma de conhecimento pode ser obtida em abundância; eu mesmo tenho apresentado uma grande gama de conhecimentos para que possam ser aplicados por diferentes tipos de pessoa. Dentre tantos conhecimentos, existem alguns específicos para a solução de seus problemas. Algumas pessoas enfrentam problemas de relacionamento, outras podem ter problemas em outras áreas. É sempre necessário direcionar os conhecimentos para solucionar os problemas de vida de cada um, e o conhecimento da Verdade está sempre no centro de tudo isso.

O importante é colocar esse conhecimento em prática e dominá-lo de modo que você possa dizer: "Eu sei que é assim que se deve fazer. Isso dissipa as minhas ilusões, soluciona os meus problemas e me permite alcançar a libertação". Conquiste essas pequenas descobertas de Iluminação. São as pequenas Iluminações. Elas não têm fim. Provavelmente, a cada dia, a cada semana ou a cada mês, você vive algum tipo de Iluminação, e esse acúmulo é importantíssimo.

Portanto, trate de construir uma base de conhecimento das leis da Verdade por meio do estudo, use-a em suas experiências cotidianas e transforme-a em sabedoria. Então, pode usar essa sabedoria para orientar os outros. Quando encontrar pessoas às voltas com o mesmo tipo de problema, você tem condições de dizer palavras reveladoras, palavras de Iluminação, que lhes permitirão superar os problemas.

Suponha que você tenha enfrentado a dor de um divórcio. Para superá-la, passa a estudar a Verdade, a colocá-la em prática no dia a dia e a refletir sobre o problema até achar uma resposta. Tendo conseguido isso, se encontrar uma pessoa na mesma situação, pode conversar com ela e dar-lhe apoio.

Talvez você tenha fracassado nos negócios e sofrido por isso, mas, por ter encontrado a Verdade, conseguiu superar o desespero. Nesse caso, se encontrar uma pessoa na mesma situação, uma pessoa propensa a cometer suicídio, pode fazer com que ela pense duas vezes e volte atrás. No caso, para salvar as pessoas do suicídio, é preciso mais do que o mero conhecimento de finanças. Se você não tiver estudado a Verdade, acompanhada de conhecimentos práticos adquiridos no mundo dos negócios, a verdade da vida e a do mundo espiritual, não conseguirá evitar que alguém se mate por ter fracassado nos negócios. São limitadas as possibilidades de um médico ou policial salvar uma pessoa nessa situação; essa é a missão de um religioso. O religioso é uma figura imprescindível.

Mesmo que tenha passado por sofrimentos, ao obter o conhecimento da Verdade, você pode transformar essa experiência em luz e dizer palavras sábias para orientar os demais. Esse é o tipo de estudo que eu recomendo. É importante aprender a converter o conhecimento da Verdade em sabedoria.

Uma religião aberta a novos conhecimentos

Pautada no Princípio do Conhecimento, a Happy Science é uma religião que, para não se tornar obsoleta, é uma organização aberta para o mundo do conhecimento e da informação. A nossa religião não se limita a olhar para trás, para o passado; ela também se propõe a salvar as gerações vindouras. Nesse aspecto, é uma religião em desenvolvimento, estruturada para se manter aberta ao conhecimento. Uma religião disposta a aceitar conhecimentos e tecnologias novos, desde que observem os princípios que levam as pessoas à felicidade.

Há certas leis fundamentais que não mudam desde as épocas mais remotas e que não podem ser mudadas. Porém, nós não hesitaríamos em adotar ideias, informações e conhecimentos melhores, hoje à nossa disposição, referentes às coisas deste mundo, sujeitas a mudanças. Nós mantemos uma estrutura aberta para o mundo do conhecimento. É por isso que transmitimos informações para a sociedade moderna e damos nossas opiniões a respeito do futuro. Não insistimos em voltar para a Idade da Pedra.

A Verdade é imutável, portanto continua sendo válida na atualidade. Entretanto, essa Verdade imutável pode vestir uma nova roupagem, constituída de novas informações ou novos conhecimentos, para exercer novas funções; em outras palavras, pode resolver as aflições do homem moderno. Se vivêssemos na Idade da Pedra, as nossas preocupações se limitariam a desafios como o de fazer potes de argila, mas as questões atuais são muito mais complexas, portanto é óbvio que o conhecimento da Idade da Pedra já não é mais adequado.

Naturalmente, pode ser que não consigamos prestar auxílio numa situação que não faça parte do nosso campo de especialização, mas a Happy Science permanece aberta. Estamos sempre dispostos a absorver novos conhecimentos. Não somos uma organização fechada e, nesse sentido, não entramos na categoria das religiões sectárias.

A Happy Science está aberta para novas informações tanto do mundo acadêmico quanto da mídia. As organizações religiosas geralmente tendem a se fechar diante de informações e conhecimentos novos, pois a experimentação e introdução de novas ideias podem resultar no desmoronamento do seu sistema doutrinário. Nós somos abertos porque temos confiança e disposição para mudar, caso encontremos erros em nós.

5. O Princípio da Reflexão

O poder da reflexão permite corrigir os pecados do passado
O terceiro princípio é o da reflexão. Os Oito Corretos Caminhos consistem num método budista de reflexão, mas talvez esse seja um ensinamento um tanto difícil. Um meio mais simples consiste em praticar a reflexão com base na moralidade, tal como quando os seus pais, ao repreendê-lo, o mandavam refletir sobre seus erros.

Entretanto, é importante perceber o quanto a reflexão está vinculada à visão do mundo. Tendo em vista o mundo que contempla tanto o plano espiritual como o terreno, é preciso perceber que a reflexão assume as leis da física, no contexto da Verdade búdica. A reflexão é um divisor do mundo.

Enquanto vivem neste mundo, as pessoas são cegas e, como há muita coisa que não compreendem, elas cometem muitos erros. Todavia, Deus e os Anjos, Buda e os Bodisatvas compreendem isso. Sabem muito bem que, se encarnassem neste mundo, eles próprios teriam de tatear como os demais para encontrar seus caminhos, por isso eles têm uma profunda misericórdia pelos que vivem na Terra.

Todos os seres humanos são passíveis de erros; foram abençoados com a liberdade de cometê-los. Obviamente, isso só é permitido porque eles têm a capacidade de corrigir esses erros. Cometem erros, mas são capazes de refletir. A correção dos erros só é possível graças à capacidade de reflexão. Depois que um ato é cometido e se transforma num fato deste mundo ou se torna uma realidade do corpo físico, talvez seja impossível desfazê-lo. No entanto, no tocante à realidade espiritual ou ao interior do seu coração, ele pode ser desfeito, porque o mundo espiritual abrange o passado, o presente e o futuro. Se fosse impossível desfazer os erros, de nada serviria a reflexão. No mundo terreno, se você quebrar um vaso, por exemplo, não há meio de desfazer o que foi feito, não há meio de consertá-lo, por mais que você lamente. Contudo, o pecado produzido pelo mal cometido é apagado do seu passado por meio de uma profunda reflexão dentro do seu coração.

Em todas as almas há uma espécie de "fita ideográfica" na qual são gravados todos os pensamentos e atos. Quando os pensamentos são negativos, eles ficam registrados em vermelho. Quando você reflete sobre todos os pensamentos e atos que praticou desde que nasceu, à luz da Verdade, e se arrepender do malfeito, pensando: "Foi um erro. Eu devia ter agido de outro modo, mas não vou tornar a fazê-lo. Nunca mais hei de plantar essas sementes da negatividade", todos os registros em vermelho se transformam em letras douradas.

Embora neste mundo haja muitas coisas que não podem ser desfeitas, os fatos registrados no seu coração podem ser removidos. É para isso que lhe foi concedida a reflexão. Por meio dela você pode desfazer os atos passados. Se refletir sobre o passado com um coração puro, você consegue eliminar todos os registros em vermelho, como se passasse um corretor ou uma borracha. Você é dotado desse grandioso poder.

Portanto, caso tenha cometido muitos atos negativos e esteja pensando: "Eu não tenho esperança, não há como me salvar", pode recomeçar a partir desse ponto de arrependimento. Pode começar pela prática espiritual da reflexão e mudar. A partir de um nível apropriado de reflexão e mudança interior, seus pecados passados são totalmente apagados.

Certa vez eu ministrei uma palestra chamada "O inimigo está dentro de nós", na qual mencionei a história de Angulimala, um famigerado criminoso indiano do tempo de Sakyamuni Buda. A cerca de um quilômetro e meio das ruínas do antigo centro budista, o Mosteiro de Jetavana, na Índia, fica o grande túmulo de Angulimala. Ele é maior do que qualquer outro da região, maior inclusive que os dos dez discípulos de Sakyamuni Buda; enfim, é o maior túmulo nas proximidades do Mosteiro de Jetavana.

Angulimala era um bandido terrível; diziam que havia matado cem ou até mesmo mil pessoas. No entanto, um dia ele percebeu o seu erro, arrependeu-se profundamente e ingressou na ordem de Sakyamuni. Submetia-se diariamente à disciplina espiritual, coletando alimentos e donativos, suportando as pedras lançadas pelo povo. Assim, o pior dos homens se arrependeu profundamente e muito se empenhou em se disciplinar, no esforço para se tornar um Anjo de Luz. As pessoas ficaram tão impressionadas com o seu doloroso sacrifício que, quando ele morreu, lhe deram esse grande túmulo. E ainda hoje, 2.500 anos depois, continuam a cultuá-lo.

Também reconheceram que o esforço de conversão do mal em bem tem um grande poder de salvação. Uma pessoa pura, correta e nobre, sem uma só mácula de maldade, pode ter um grande poder de salvar as outras, mas aquela que perpetrou numerosos crimes e depois se arrependeu, dedicando-se ao bem e recomeçando a vida, tem igualmente o poder de salvar inúmeras pessoas.

O Budismo reconhece esse fato e não diz que o pecador, mesmo que o seu pecado seja imenso, jamais será salvo. Pelo contrário, prega que quem se arrepende e entra no caminho da Iluminação pode receber mais força do que aquele que não cometeu nenhum mal; o primeiro tem oportunidade de desenvolver uma luz ainda mais forte para orientar os outros. Esse é o poder da reflexão, o qual eu gostaria que todos conhecessem. Naturalmente, além da reflexão, há também a oração, que você pode usar para mudar o futuro. A correta oração lhe dá a possibilidade de mudar o seu futuro.

Vivendo a euforia de se ver livre das influências espirituais negativas

Eu gostaria que todos praticassem e vivenciassem o mistério do coração praticando a reflexão e assim identificando o seu poder. Certamente, muitos terão a sensação de que se libertaram dos maus espíritos que os obsediaram ao longo de muitos anos. Talvez você pense que, por serem seres espirituais, eles não têm peso físico, mas a verdade é que pesam muito na alma. Embora o espírito não tenha massa física, a sensação espiritual é de peso.

Há quem tenha passado cinco, dez ou mesmo vinte anos possuído por um espírito, assim como pessoas que, tendo herdado espíritos obsessores dos pais, carrega-os desde a infância sem saber. Em todo caso, independentemente de quando começou a possuí-lo, um espírito pode ser afastado mediante a reflexão. E quando ele se vai, você sente os ombros, as costas e a coluna mais leves. É como se tivesse se livrado de um fardo pesado. Você se sente verdadeiramente muito mais leve quando um espírito obsessor é expulso; seu rosto fica radiante e uma luz cálida lhe penetra o peito. É algo que eu gostaria que você experimentasse. Todos podem ter essa experiência espiritual.

Quem conhece a angústia e a aflição, quem sofreu muita dor antes de finalmente chegar à Verdade, sem dúvida deve ter vivenciado o fenômeno da obsessão por maus espíritos. Em muitos casos, deve estar ainda sob influências espirituais negativas. Não fosse isso, não teria de sofrer tanto. O motivo pelo qual sofre dia e noite é estar possuído, estar sob a influência de um mau espírito que encontra prazer no seu sofrimento, que tenta agravar suas aflições e arrastá-lo para o inferno.

Quando a pessoa se sente livre desses espíritos, ela experimenta uma grande euforia. Ela se sente renovada, como se tivesse acabado de sair de um banho relaxante. Como eu expliquei acima, o seu rosto ganha mais cor, o seu batimento cardíaco fica mais leve e todo o seu corpo parece flutuar. É uma coisa que eu quero que você vivencie. É como se uma pessoa que estivesse há dez anos sem tomar banho entrasse numa banheira e removesse toda a sujeira acumulada. Ela é envolvida por um calor reconfortante. É uma experiência espiritual que pode ser vivida sem risco, e eu gostaria que você a saboreasse pessoalmente.

A ATITUDE DE FELICIDADE AO ALCANCE DE TODOS   143

Você pode ter essa experiência durante a prática de reflexão ou quando estiver lendo um de meus livros. Pode tê-la ao participar de um seminário, durante a meditação, a prece ou a liturgia num templo ou sucursal da Happy Science. De súbito, você sente algo se afastando de você e seu corpo ficando mais leve. É impossível dizer exatamente quando isso vai acontecer, mas, se você der continuidade às suas atividades no nosso instituto, a oportunidade sem dúvida se apresentará. Eu tenho esse fato em mente sempre que construo o sistema de leis, liturgias, e instruo os palestrantes. Faço tudo isso sabendo que todos passarão por essa experiência. Não se pode saber quando essa oportunidade se apresentará, mas, quando se apresentar, estou certo de que a sua vida mudará.

Caso você esteja à mercê de um obsessor, saiba que o primeiro passo é afastá-lo. Do contrário, o seu espírito guardião não conseguirá entrar em contato com você. Por mais que ele tente se comunicar, se os seus ouvidos estiverem obstruídos, você não ouvirá nada.

Quando a pessoa está sob influências espirituais negativas, mesmo que tenha lido os nossos livros e seja convidada para ir a um templo ou sucursal do nosso instituto, ela pode não conseguir entrar ou pode acontecer algum tipo de incidente que a impeça de ir. Por exemplo, um parente pode se envolver num acidente, sua família pode tentar impedi-la ou, ao se aproximar do edifício, ela acaba dando meia-volta e indo para casa. Certamente, muitos dos nossos fiéis já passaram por situações parecidas.

Isso acontece porque o mau espírito impede-a de entrar num prédio da Happy Science. O espírito sabe que, se ela se tornar membro, todo o mal por ele perpetrado durante anos ficará exposto, e já não lhe será possível manter a possessão. Isso é particularmente verdadeiro quando uma pessoa recebe o Gohonzon ou a Sagrada Imagem, o objeto de culto do nosso instituto, para instalar um altar em sua casa. Para o mau espírito, é como se ele estivesse sob observação constante. Diariamente, quando a pessoa recita diante da Sagrada Imagem o nosso sutra fundamental, "Ensinamento Búdico — Darma do Correto Coração", o espírito sente como se estivesse recebendo um sermão, e isso lhe é insuportável. Ele pensa: "Será que esse cara pretende fazer isso o resto da vida? Vai continuar até morrer? Se for assim, acho que o nosso relacionamento chegou ao fim".

Nesse contexto, vê-se como é importante na religião criar o hábito de aprimoramento espiritual; não adianta praticá-lo apenas ocasionalmente. Quando a pessoa recita diariamente, de manhã e à noite, o "Ensinamento Búdico — Darma do Correto Coração", diante do altar, e pratica a reflexão e a oração, uma luz dolorosa para o mau espírito começa a brilhar, até que ele finalmente é obrigado a partir. Ele se afastará paulatinamente, mas, por fim, chegará a hora em que o último vínculo se romperá e, um dia, ele desaparecerá de súbito. A pessoa finalmente terá alcançado o ponto em que o mau espírito já não pode mais voltar.

No início, o espírito se afasta, mas não tarda a voltar para tornar a possuir o indivíduo; vai embora, mas volta a possuí-lo, tentando obstruir e fustigar. Por exemplo, se for um homem casado que se tornou um fiel e se sua esposa procurar se opor à sua fé, o espírito se aproximará dela e fará o possível para impedi-lo de persistir na fé. Fará com que ela diga: "Não quero que você vá ao instituto nem que participe daquelas atividades"; "No domingo, quero que você fique em casa, cuidando do jardim".

A ATITUDE DE FELICIDADE AO ALCANCE DE TODOS   145

Isso costuma acontecer com frequência no início, e não há dúvida de que o mau espírito que o possuía passou para o seu parceiro ou parceira. No entanto, ele se tornará pouco a pouco mais fraco. Se você se livrar dele, o próximo passo é transmitir a Verdade gradualmente ao seu parceiro ou parceira e aos seus filhos. Assim, criará um forte campo magnético de luz em seu lar e, por fim, o mau espírito já não poderá continuar ali.

Trata-se de uma obra que não pode ser vista com os olhos, mas é um trabalho espiritual que eu faço diariamente para o mundo todo, trabalhando sem descanso. Espiritualmente, eu trabalho 365 dias por ano, ininterruptamente. Passo o ano todo transmitindo luz. No mundo de Buda, não há feriados, a batalha é ininterrupta. É por isso que eu quero que você creia. Enquanto houver quem creia, a luz continuará brilhando e combatendo os maus espíritos.

A verdade é que os maus espíritos são dignos de pena; eram pessoas como quaisquer outras. Portanto, primeiro nós temos de levá-los a parar de praticar malefícios e a refletir sobre os seus erros. E eu espero que você também inicie a sua reflexão. O meu desejo é fazer com que os maus espíritos aprendam a praticar a reflexão vendo as pessoas na Terra se iluminarem por meio da reflexão. É isso o que eu espero que aconteça pouco a pouco.

6. O Princípio do Desenvolvimento

Uma felicidade que permeia este mundo e o outro
O quarto princípio é o Princípio do Desenvolvimento, um ensinamento ideal para a sociedade moderna. Em termos budistas, trata-se de construir um Reino Búdico, uma utopia na Terra.

Em termos mundanos, esse princípio representa o meu desejo de fazer com que aqueles que estudam a Verdade tenham sucesso, pois, quanto mais sucesso tiverem, maior será a influência que exercerão. Eu quero que eles tenham um sólido sucesso e aumentem a sua influência sobre as outras pessoas, sem se tornar escravos do dinheiro, sem se estressar na carreira profissional, sem se apegar ao status e às coisas mundanas.

Também quero que as pessoas conquistem a felicidade que permeia tanto este mundo como o outro. A Happy Science oferece ensinamentos claros sobre o outro mundo, de modo que é improvável que os nossos membros busquem o tipo de felicidade que se limita exclusivamente a este mundo. Eu nunca preguei ensinamentos que geram infelicidade neste mundo, para garantir a felicidade no mundo espiritual. Jamais diria aos nossos fiéis para serem infelizes neste mundo, serem condenados à morte. Há seitas que transmitem esse tipo de mensagem, mas eu me sinto pessoalmente responsável pela felicidade das pessoas também neste mundo e quero evitar espalhar novas sementes de infelicidade. A minha esperança é a de que todos alcancem o máximo de felicidade inclusive neste mundo.

Desde que não seja obtida à custa da felicidade alheia, a felicidade obtida nesta encarnação leva à felicidade na próxima. No entanto, isso não acontece se a felicidade neste mundo foi obtida às custas da infelicidade alheia. Impecável é aquele que proporciona felicidade aos demais assim como a si próprio. Espero, portanto, que você seja feliz e leve consigo essa felicidade quando voltar para o outro mundo.

Por isso quero que os membros não ordenados se desenvolvam e prosperem em suas profissões, sem criar apegos nem causar dor aos outros, e que usem a felicidade resultante como uma força para difundir a Verdade aos demais. Ao mesmo tempo, quero que aqueles que renunciaram ao mundo para ser monges e monjas saboreiem profundamente sua experiência de crescimento da alma, assim como seu senso de desenvolvimento e sucesso.

Quando este mundo se tornar um Reino de Deus, o inferno diminuirá

O meu propósito é transformar este mundo numa utopia, no Reino de Deus ou de Buda. Quando isso acontecer, o inferno diminuirá. Ainda que se pudesse tentar extinguir o inferno, isso seria extremamente difícil; portanto, o primeiro passo consiste em diminuir o número de espíritos que vão para o inferno. Para tanto, temos de transformar este mundo num Reino Búdico. Assim, interromperemos o fluxo de espíritos para o inferno, os que residem lá começarão a refletir sobre suas vidas e, gradualmente, ascenderão ao mundo celestial, resultando no decréscimo da população do inferno.

Assim, primeiramente vamos fazer cessar o fluxo de espíritos para lá. Enquanto houver um grande fluxo, pouco importa quantos se salvam do inferno, não faltarão novos para ocupar o lugar deles. Trata-se de um círculo vicioso. Primeiro é necessário transformar este mundo num Reino Búdico. Para tanto, eu gostaria de fazer da sociedade um lugar em que muitos aprendam a Verdade, busquem o Correto Coração e se empenhem em praticar os Princípios da Felicidade.

7. O amor, a Iluminação e a criação da utopia na Terra

A doutrina fundamental da Happy Science baseia-se na Busca do Correto Coração, que na prática se manifesta nos Quatro

Corretos Caminhos na forma de Princípios da Felicidade. Se você examinar a minha doutrina com atenção, vai perceber que eu apresentei inúmeros ensinamentos relacionados principalmente com três temas: o amor, a Iluminação e a criação da utopia na Terra. Esses três elementos são o núcleo da nossa doutrina, a qual nós estimulamos os membros a estudarem.

Eu tenho falado insistentemente no tema do amor. Se nos concentrarmos nos ensinamentos do amor, despertaremos o interesse das pessoas com formação cristã. Também ensino métodos de buscar a Iluminação, e, se enfocarmos a Iluminação, as pessoas de formação budista se sentirão atraídas. Por fim, se enfatizarmos a criação da utopia na Terra, conseguiremos atingir os que hoje trabalham no mundo dos negócios, pessoas que querem progredir e alcançar a felicidade na sociedade moderna. Elas poderão estudar a sabedoria.

Esperamos continuar triunfando com uma filosofia sempre nova e abrangente, que engloba o passado, o presente e o futuro. Se este capítulo transmitir uma apresentação contemporânea da doutrina da Happy Science, eu ficarei muito satisfeito.

Capítulo Cinco

Crendo no advento da Era do Sol
Rumo à sociedade futurística guiada pelas "Leis do Sol"

1. A Era do Sol

O livro *As Leis do Sol** apresenta os princípios que norteiam a Happy Science desde a sua fundação. Creio que esse livro, escrito no início das nossas atividades, apresenta uma síntese da nossa doutrina, a sublimidade dos nossos ideais e o rumo das nossas atividades. Eu quero que *As Leis do Sol*, um livro que contém os nossos ensinamentos mais fundamentais, seja conhecido e compreendido pelo máximo de pessoas possível. Quero que ele venha a ser a escritura sagrada da próxima era, sendo continuamente lido por muitos, tanto pelos que vivem hoje quanto pelos que ainda estão por nascer.

Eu gostaria de chamar a sociedade do futuro de "a Era do Sol", quando a Verdade e o sistema de valores expostos em *As*

---

* Cf. *As Leis do Sol* (Cap. 1: "A ascensão do Sol"; Cap. 2: "A verdade do darma búdico"; Cap. 3: "O grande rio do amor"; Cap. 4: "O ápice da Iluminação"; Cap. 5: "A era de ouro": Cap. 6: "O caminho rumo a El Cantare").

150 AS LEIS DA FELICIDADE

Leis do Sol hão de se propagar por todo o mundo e exercer um papel importantíssimo como fonte de orientação para todas as pessoas. A doutrina é a mesma que floresceu na antiga civilização de Mu*, no Pacífico Sul, se bem que a sua forma seja diferente.

2. Criando um mundo cuja coluna vertebral seja a fé

**O olhar de Deus ou do Buda Primordial,
o Criador do Universo**

Qual é a Verdade simbolizada pelo Sol? Quais são os valores em que se baseia a Verdade que está prestes a iluminar a humanidade, tal qual o Sol? A resposta a essas perguntas pode ser resumida em alguns pontos.

Antes de tudo, nós desejamos criar um país e um mundo que tenha a fé como a sua coluna vertebral. No mundo da era moderna, desenvolveu-se uma civilização altamente evoluída do ponto de vista material, o que tornou este mundo um lugar muito confortável e conveniente para se viver. Conquanto eu não tenha absolutamente a intenção de rejeitar o conforto nem de retornar à era primitiva, devo dizer que, se há uma coisa que nunca podemos esquecer enquanto vivermos nesta confortável civilização materialista é a "fé".

Quando as pessoas perdem de vista os princípios fundamentais que regem o Universo e se cercam de futilidades, acabam se perdendo e cometendo erros. Podem-se deixar de lado os erros de uma ou duas pessoas, mas, quando a maioria toma um rumo equivocado, o que se verifica é uma reação negativa em massa.

---

* Cf. *As Leis do Sol*, pp. 179-181.

CRENDO NO ADVENTO DA ERA DO SOL

Há uma maneira básica para se evitar que centenas de milhões ou bilhões de seres humanos se entreguem ao erro, e esse meio é a fé.

O Universo é um vastíssimo mundo onde estrelas cintilantes em forma de pontinhos minúsculos estendem-se até o infinito no vácuo. No entanto, este mundo não é completamente inanimado. Há seres vivos no Universo, bem como também um grande Ser, que olha para eles com os olhos repletos de misericórdia.

Em *As Leis do Sol*, eu descrevo a história da criação do Universo, a gênese. No princípio, houve o pensamento. Foi o pensamento de como devia ser o mundo; sem ele, o big-bang jamais teria ocorrido fisicamente. Pode-se dar todo tipo de explicação para a reação química resultante, mas a verdade é que em primeiro lugar existiu o pensamento. O mundo fenomênico foi criado pelo pensamento. Quando o pensamento foi concentrado num ponto específico, este se materializou e se manifestou neste mundo tridimensional. Assim como a criança não pode nascer sem o concurso dos pais, não haveria Universo se não existisse o pensamento. O Universo foi criado porque houve o pensamento e a vontade de se criar os seres vivos evolutivos. Esse pensamento de natureza parental pode ser designado por Pensamento de Deus ou do Buda Primordial.

Trata-se de um olhar a nós endereçado de um mundo extremamente distante. Aos Seus olhos, este universo tridimensional não passa de uma gotícula de água, embora para os viventes da Terra ele pareça incomensuravelmente grande. Eu gostaria que todos cressem nisso. O Deus Primordial sempre guiou a humanidade e os demais seres, criando um grande número de Espíritos Guias de Luz e de Anjos para transmitir a Sua Vontade. Acreditar nisso é absolutamente necessário para que as pessoas não tomem um rumo equivocado.

A influência mútua que existe entre este mundo e o outro

Por maior que seja o progresso da ciência e da tecnologia, há um ponto além do qual os seres humanos não podem avançar jamais. Nós não podemos alterar as leis que regem o Universo. As pessoas podem conceber invenções maravilhosas e muitas ideias inovadoras; contudo, por mais que tentem, são incapazes de modificar as leis, pois elas provêm da Vontade Primordial.

Não me refiro unicamente às leis físicas que regem o espaço tridimensional, mas também às que regem a vida humana. Segundo essas leis, "os seres humanos não nascem apenas para viver neste mundo tridimensional, em forma física. Eles são habitantes naturais do mundo de dimensões superiores ao tridimensional e nascem na Terra para se aprimorar espiritualmente".

E isso vale tanto para os seres humanos quanto para os animais e os vegetais. No reino celestial, muitas flores desabrocham. Há até mesmo flores que já não existem neste mundo, que brotaram num passado remotíssimo. Há animais hoje extintos neste mundo, mas que vivem no outro. O outro é o mundo real.

Essa é uma lei imutável. Pode parecer impossível de entender pela perspectiva deste mundo, com toda sua ciência e tecnologia. Essas coisas não são ensinadas na escola. Entretanto, o fato de nada sabermos acerca do outro mundo não significa que ele não exista. Existe e não há como negá-lo. É importante jamais esquecer que nós vivemos num mundo com essa estru-

CRENDO NO ADVENTO DA ERA DO SOL 153

tura dual. E mais, este mundo e o mundo espiritual não são independentes; eles se sobrepõem e se influenciam reciprocamente.

Hoje em dia se discute a existência do outro mundo com base nas descrições de quem passou pela experiência de quase-morte. Alguns dizem: "O mundo que se vê nessa experiência é repleto de flores ou se parece com um mundo do passado, coisa que mostra que tais experiências são apenas o resultado da reação do cérebro a algum tipo de estímulo que leva as pessoas a verem tais imagens. Se o mundo após a morte existisse de fato, não seria parecido com nada do passado e, como eu nunca ouvi alguém falar no outro mundo como o que nós habitamos, o outro não pode existir".

Isso não é verdade. O outro mundo muda ao mesmo tempo que este. Quando as pessoas que vivem nesta época morrem, o estilo de vida a que elas estão acostumadas passa a existir no outro mundo. As pessoas atualmente vivas que viram de fato o outro mundo não viram nenhum lugar antigo correspondente aos relatos dos que passaram pela experiência de quase-morte centenas ou mesmo milhares de anos atrás. Viram, isso sim, lugares extremamente modernos. Tanto o céu quanto o inferno mudam constantemente, e no outro mundo já começam a existir cidades modernas como as de hoje.

Quase tudo quanto existe neste mundo se manifesta de modo semelhante no mundo do pensamento. Se muitas pessoas desejarem uma coisa, ela surgirá. É assim que as coisas acontecem no outro mundo. Se muitos desejarem um tipo de transporte, ele aparecerá exatamente como se existisse verdadeiramente. Surgirão trens e aviões, muito embora o metal não exista fisicamente nesse mundo. Se um número suficiente de habitantes desejar um lugar comparável a um paraíso terreno, há de surgir um lindo parque parecido com os parques temáticos do nosso mundo. A paisagem não seria como a de antigamente; em muitos aspectos, seria extremamente semelhante ao que temos hoje na Terra.

Há quem diga: "Quem passou pela experiência de quase-morte sempre conta que retornou ao passado, mas não é possível que tudo seja tão antiquado, de modo que eu não acredito na vida após a morte". Mas a verdade é que a modernização já começou no outro mundo. É muito pouca a diferença entre este mundo e o outro. Obviamente, há mundos em que o tempo parou há muito para os seus habitantes, mas também há outros prontos para que as pessoas da atualidade neles se sintam perfeitamente em casa. O estilo de vida moderno também se manifesta como um meio conveniente de orientá-las.

No outro mundo também há escolas e hospitais, exatamente como neste, e muita gente trabalha nesses lugares. Lá a vida se desenvolve rapidamente, muda dia após dia. No passado, as escolas do outro mundo consistiam exclusivamente em alunos que haviam tido a mesma nacionalidade nas vidas anteriores, mas, no mundo espiritual de hoje, as escolas são internacionais. Portanto, o outro mundo está passando por mudanças rápidas, tanto quanto a Terra.

Nós vivemos num mundo vasto e passamos por uma série longa e contínua de reencarnações. Assim, ao pensar em tempo ou distância, não podemos confiar na limitada escala deste mundo, baseada na perspectiva de uma vida que não passa de algumas décadas nesta Terra. Temos de dilatar o nosso horizonte e acreditar no Ser Primordial que criou o Grande Cosmo, inclusive o mundo espiritual. Também é importante crer naqueles que, na qualidade de representantes Seus, orientam as pessoas na Terra, e basear nossa vida nessa fé.

De hoje em diante, vamos dedicar toda a nossa energia à tarefa de divulgar este conhecimento em todo o mundo. Isso é particularmente importante em países em que os valores materialistas são fortes e em que mais da metade da população despreza o outro mundo e a fé. Vamos combater tal ignorância. Não se trata de lutar por lutar; trata-se de lutar por amor. Trata-se de lutar pela Verdade. É incalculável o número de pessoas que vivem de maneira incorreta porque não sabem viver de outro modo e, em consequência, quando morrem, têm de sofrer muito por um tempo dezenas de vezes mais longo do que a vida que viveu na Terra. É sempre conveniente dizer que, quanto antes elas tomarem conhecimento da Verdade, menos erros cometerão.

3. Viver para dar amor

Inverta a sua perspectiva para ser feliz
A atitude ideal para quem vive na Era do Sol é, primeiro, ter fé e, em segundo, viver para dar amor. Nós temos de criar um mundo repleto de amor. Não se trata de uma ideia que foi importante apenas dois mil anos atrás, no tempo de Jesus Cristo. Basicamente, o grande ser que denominamos Deus ou Buda tem o coração repleto de amor e misericórdia. Esse coração alimenta e guia as pessoas para que, como filhos de Deus, nós também vivamos no amor e na misericórdia.

Sem embargo, como tantos romances descrevem, as pessoas tendem a interpretar mal o amor, encarando-o como algo de que nos apropriamos ou que cobramos dos outros. Neste mundo não falta quem acredite que será feliz se receber amor e infeliz se não o receber. Em consequência, essas pessoas não pensam senão em como receber amor, na quantidade de amor ou na atenção de que serão alvos.

Muitos querem receber amor, mas poucos se dispõem a dá-lo — esse é o mundo em que vivemos atualmente. Se as pessoas fossem capazes de se auxiliar mutuamente, seriam felizes. Todavia, todas tentam tomar dos outros, por isso não alcançam a felicidade. Triste mundo esse! Somente se inverterem a perspectiva e mudarem esse modo de pensar é que encontrarão a felicidade.

Uma vida voltada para dar amor prova que você é filho de Deus

Amar não significa tomar dos outros, e sim dar. O motivo é que todos somos, essencialmente, filhos de Deus, filhos de Buda. Deus ou Buda incorpora o amor e a misericórdia; portanto, uma vida dedicada à prática de dar amor prova que você é filho de Deus ou de Buda. Isso significa que você vive num mundo em que se doa continuamente, exatamente como o Sol, que apenas dá, sem pedir nada em troca.

É importante sempre viver de maneira a beneficiar os outros, a doar para os outros. Em vez de perguntar o que os outros devem fazer por você, visualize no seu coração o que você pode fazer por eles. É assim que se manifesta o Paraíso na Terra.

Há muitas filosofias do amor, todas elas complexas, porém a mais importante é a mais simples. O ato de cobrar amor não é senão o "apego" descrito pela doutrina budista. O importante não é receber amor, mas dá-lo. A pergunta é o quanto você amou as outras pessoas. Em vez de lamentar o pouco amor que recebe, pense no quanto você amou na vida ou no quanto vai amar no futuro. Isso funcionará como a força motriz da utopia, o mundo ideal, que há de chegar.

4. Elevar o grau de Iluminação

O coração é a essência da alma

Eu falei sobre o princípio fundamental, o do amor. Há outro princípio imprescindível, o da Iluminação. A palavra "Iluminação" tem conotações budistas; alguns podem imaginar que se trata de um conceito religioso. Entretanto, é importantíssimo que todos tenham uma verdadeira compreensão da Iluminação. Simplificando, Iluminação significa perceber que o ser humano é mais do que o seu corpo, que o ser humano é essencialmente uma alma, o coração que habita no corpo e o controla.

Há quem identifique o Budismo com o ateísmo, com materialismo, ou o julgue uma religião que prega a inexistência do espírito. Todavia, essas mesmas pessoas dificilmente negariam que o Budismo reconhece a existência do coração humano. Também há quem diga que o Budismo prega a inexistência do ego e, não existindo ego, tampouco existe alma. Contudo, nem mesmo esses críticos podem afirmar que o coração não existe. Ele é a essência da alma.

Ao retornar para o outro mundo, o coração é a única coisa que você pode levar consigo. As pessoas se equivocam porque concebem a alma em termos sólidos, tridimensionais, como se ela tivesse forma. A verdade é que você é livre para ter todos os tipos de pensamento, e são esses pensamentos que ganham a sua forma e vão continuar a existir no outro mundo. Somente os seus pensamentos e a sua função pensante vão para o outro mundo.

Ali a alma conserva a forma humana enquanto as lembranças da vida humana forem recentes, mas, à medida que estas se dissipam gradualmente, a alma vai perdendo a forma. A pessoa passa a existir unicamente como pensamento, torna-se um ser pensante. Se os seres humanos fossem uma espécie de brinquedo mecânico, não conseguiriam sair do modo pré-ajustado e avançar, mas não é esse o caso na realidade. Os seres humanos pensam em muitas coisas diferentes e também têm o livre-arbítrio. Nós podemos decidir o que queremos pensar. Temos liberdade total no pensamento. A essência do ser humano é a capacidade de mudar de pensamento e de tomar decisões por livre e espontânea vontade. Essa essência continua a existir no outro mundo, depois que o corpo se desintegra; o pensamento e as ideias continuam a existir.

Hoje em dia, muitas pessoas preferem não usar o termo "alma", porém é importante entender que os pensamentos que acompanharam as grandes realizações dos que morreram há centenas ou milhares de anos existem no grande Mundo Espiritual. O brilho da alma e dos pensamentos daqueles que realizaram um ato sublime ainda existem e continuam a exercer influência sobre um grande número de pessoas.

Por exemplo, Jesus Cristo viveu 33 anos nesta Terra, mas o seu trabalho não se encerrou quando ele deixou o corpo físico; seus pensamentos continuam ativos até hoje.

Sakyamuni Buda partiu deste mundo há 2.500 anos. O homem da era moderna poderia pensar: "O que alguém da Idade da Pedra Polida poderia nos ensinar?". No entanto, a misericórdia e a Iluminação de Buda existem até hoje. Essa é a mística do mundo espiritual.

É importante compreender que os seres humanos são seres espirituais e que o coração é o que nós somos. Não me refiro ao coração no estado de ilusão, e sim à sua essência. É necessário, portanto, rever o conceito que você tem de si mesmo, mudar o modo como se vê e passar a se ver de uma outra perspectiva.

Elevar o grau de sua Iluminação significa também melhorar o projeto do futuro

Como já expliquei, ao praticar exercícios de aprimoramento ascético e ao se esforçar para se aproximar mais de Buda ou de Deus, o seu coração se eleva, se purifica e ganha mais brilho. O grau de elevação atingido em vida corresponderá diretamente ao mundo para onde você irá após a morte. Se, enquanto estiver na Terra, você conseguir viver com o coração de um Bodisatva ou Anjo, após a morte a sua alma irá para o Reino de Bodisatva na sétima dimensão, o mundo dos Anjos, e a nenhum outro lugar. Não é preciso esperar a morte para saber se você vai para o céu ou para o inferno. Isso você pode saber ainda em vida.

Em que você pensa diariamente? Em que pensou nos últimos doze meses? Nos últimos dez anos? Examinando o nível de seus pensamentos, será possível dizer em que reino você vai habitar após a morte, ou ainda, em que reino habitava antes de encarnar na Terra. Isso significa que o desejo de aumentar o seu grau de Iluminação representará um projeto melhor para o seu futuro, determinará os rumos da sua próxima vida e o seu despertar para a sua verdadeira missão. Isso é muito importante.

É preciso valorizar o princípio da prática do "amor que dá" e o princípio do autoaprimoramento; em outras palavras, "conheça-se a si mesmo, conheça a sua verdadeira natureza e a aprimore".

5. Transformar a Terra numa "utopia", um mundo ideal

Qual é o grande plano de Deus?

Para transformar a Terra num mundo ideal, numa "utopia", a humanidade precisa lançar mão de dois importantes instrumentos: o amor e a Iluminação. Todavia, essa utopia não será materialista.

Eu não tenho intenção de criticar o conforto e a conveniência deste mundo, assim como não negaria a importância da alimentação, do vestuário, da moradia e de outras necessidades da vida. Tenho plena consciência do fato de que tudo isso confere às pessoas o sentimento de felicidade. No entanto, gostaria de dizer que nós não devemos confundir as coisas de importância primária com as de importância secundária.

Não esqueça que o aprimoramento espiritual tem uma grande importância na vida terrena. Todas as facilidades e benefícios da civilização existem unicamente para facilitar esse aprimoramento; portanto, não confunda o tema principal com o entrecho secundário.

É importante erigir uma sociedade espiritualizada, na qual as pessoas se empenhem no amor e na Iluminação, independentemente do tipo de sociedade ou do estilo de vida. O mundo ideal a que aspiramos não é necessariamente visível aos olhos. Não há como definir o que é utopia pelos edifícios, pelas estradas, pelas doutrinas políticas ou econômicas e nem pelo estilo de vida. Essas coisas mudam com facilidade.

Enquanto vivermos neste mundo transitório e em transformação, é importante ter consciência do rumo que é imutável, do rumo que devemos tomar, e das alturas que almejamos alcançar. E trabalhar para fazer com que este mundo se aproxime do Reino dos Bodisatvas e Tathagatas, o mundo dos Anjos e Arcanjos. Por isso é tão grande o número de pessoas que passam muitos anos empenhadas no aprimoramento espiritual neste mundo. Trata-se do grande plano de Deus.

Difundir a Verdade para salvar muitas pessoas
À luz do que aprendemos na escola e na sociedade, esse tipo de conhecimento pode parecer absurdo, mas, ao deixar este mundo e viajar para o outro, todos vão descobrir que o que eu estou dizendo é totalmente verdadeiro. Talvez alguém retruque: "Já que nós vamos descobrir isso após a morte, por que não esperar até lá?" Acontece que é melhor para a própria pessoa e para todos conhecer essa verdade o mais cedo possível.

Nós queremos ajudar as pessoas que vivem neste mundo a não passarem várias centenas de anos sofrendo nas trevas do inferno depois de mortas. Todos vivemos no mesmo mundo e temos acesso ao mesmo tipo de informação, mas, por algum motivo, há quem cometa erros. Decerto há modos equivocados de viver, portanto é necessário informar as pessoas sobre isso e ajudá-las a viver corretamente. Embora essa seja a tarefa dos Anjos no céu, nós também devemos tentar esclarecer essas pessoas enquanto ainda vivemos neste mundo.

A força motriz para criar a utopia, o mundo ideal na Terra, também é a energia para divulgar a Verdade. Não podemos esquecer que a difusão é uma expressão do amor. As atividades missionárias são necessárias para salvar o povo. Por esse motivo, queremos propagar a Verdade ao maior número de pessoas possível e convidá-las a se unirem a nós.

A força dos que creem ainda é escassa. Se mais e mais pessoas passarem a crer, virá o tempo em que chegaremos ao ponto de inflexão, e as nossas convicções serão aceitas por todos como a Verdade. Para acelerar o advento desse dia, eu oro para que os meus livros cheguem às mãos do maior número possível de leitores. Oro para servir de guia àqueles que ainda não entraram em contato com a Verdade, abrindo-lhes os olhos para que enxerguem o mundo da Verdade e inaugurem uma vida nova para si como filhos de Deus.

Posfácio

E então, qual foi a sua impressão depois de ter lido este livro até o fim? Venho pregando a Verdade sob diversos ângulos, mas este livro representa a minha primeira tentativa de apresentar diretamente a doutrina fundamental da Happy Science.

Pretendo continuar produzindo livros sobre as "Leis", mas presumo que este marque o primeiro ponto de inflexão, permitindo-me reorganizar e reconstruir os fundamentos das minhas ideias. Embora esse fosse o meu principal objetivo ao escrevê-lo, também creio que ele tenha o poder de salvar a alma de muitas pessoas.

Os Oito Corretos Caminhos que Gautama Sidarta ou Sakyamuni Buda ensinou há 2.500 anos talvez sejam muito difíceis para a compreensão das pessoas da época atual; é possível que elas achem esse ensinamento distante ou irrelevante. Por essa razão, eu tenho procurado algo novo, algo mais adequado aos que vivem hoje, e desenvolvi os Princípios da Felicidade, abrangendo os quatro pilares que constituem os Quatro Corretos Caminhos.

O primeiro princípio é o do Amor; o segundo, o do Conhecimento; o terceiro, o da Reflexão; e o quarto, o do Desenvolvimento. Eles representam uma abordagem inteiramente nova.

Tenho certeza de que, se você conseguir dominar esses quatro princípios no dia a dia, o seu futuro brilhará com muita intensidade, tanto nesta vida quanto na outra.

Amor é uma palavra simples. Mas eu sinto que, na era atual, é muito difícil manifestar o amor que Buda pregou, o amor no sentido mais verdadeiro da palavra, que é a misericórdia.

Vivendo como vivemos, na era da informação, em permanente expansão, eu ousei explicar o Princípio do Conhecimento do ponto de vista religioso. Naturalmente, ele incorpora o conhecimento da Verdade que eu quero divulgar, embora também inclua o conhecimento geral deste mundo. Esse princípio abarca inclusive o mundo acadêmico e o mundo da informação que estão em permanente expansão. Eu gostaria que você compreendesse a relevância desse ensinamento para o mundo moderno.

O Princípio da Reflexão recorre aos fundamentos da religião para apresentar a essência das doutrinas do Budismo e do Cristianismo. Aos que quiserem se aprofundar no estudo desse aspecto, recomendo a leitura dos meus outros livros e a participação nos seminários da Happy Science.

O Princípio do Desenvolvimento é uma doutrina para os tempos modernos e para o futuro que, eu acredito, transmitirá aos leitores de modo indelével a importância da religião. Esse princípio é uma das características fortes da Happy Science. No entanto, não é simplesmente um princípio para o futuro; iluminado pelo espírito da Grécia antiga, ele mostra o caminho da criação da utopia, uma sociedade ideal para toda a humanidade; portanto, é verdadeiramente o Princípio do Desenvolvimento. Também explica como o Budismo, o Cristianismo e o

Islamismo podem superar o impasse atual e enxergar os rumos do futuro.

É com um sentimento de grande alívio que publico o mais fundamental dos livros, que, espero, facilitará o estudo de um grande número de pessoas.

Ryuho Okawa
Presidente da Happy Science